Bertolt Brecht – es ist nur zu natürlich, daß gerade er es tat – hat in seinen «Kalendergeschichten» Chroniken in Prosa und Vers geschrieben, die, nicht anders als die Johann Peter Hebels, mitteilen, worauf es für Tag und Stunde ankommt; daß «alle Kreatur braucht Hilf' von allen». Sie sind gewissermaßen Rezepte, Unterweisungen eines Dichters, der nicht für sich schreibt, sondern für die anderen. Bertolt Brechts Geschichten, Gedichte und Schauspiele sind moralisch.

Der am 19. Februar 1898 zu Augsburg geborene und am 14. August 1956 gestorbene Bertolt Brecht ist wohl eine der größten zeitgenössischen, aber auch umstrittensten dichterischen Kräfte Deutschlands. Er studierte zunächst Medizin und Naturwissenschaften, wandte sich jedoch bald dem Theater zu, wirkte als Dramaturg an den Münchner Kammerspielen und bei Max Reinhardt in Berlin. Gleich für sein erstes Stück «Trommeln in der Nacht» erhielt er von Herbert Jhering den Kleist-Preis. Am Morgen nach der Nacht des Reichstagsbrands floh er ins Ausland. Die Stationen des Emigranten Bertolt Brecht waren Österreich, Dänemark, Schweden, Finnland, Rußland, die USA und die Schweiz. 1948 kehrte er nach Deutschland zurück und leitete zusammen mit seiner Frau Helene Weigel das «Berliner Ensemble», eine Theatergruppe, die versuchte, die Brechtschen Thesen vom epischen Theater zu verwirklichen. Alles, was Brecht geschrieben hat, ist, wie er sich einmal ausdrückte, «für den Gebrauch der Leser» bestimmt: seine «Hauspostille», seine «Geschichten vom Herrn Keuner» und seine Theaterstücke «Mutter Courage und ihre Kinder», «Der gute Mensch von Sezuan», «Herr Puntila und sein Knecht Matti», seine berühmte «Dreigroschenoper» (mit der Musik von Kurt Weill), die berühmte Szenenfolge «Furcht und Elend des Dritten Reiches» sowie seine «Versuche». Ferner erschien: «Die Geschäfte des Herrn Julius Caesar» (rororo Nr. 639).

In der Reihe «rowohlts monographien» erschien als Band 37 eine Darstellung Bertolt Brechts mit Selbstzeugnissen und Bilddokumenten von Marianne Kesting, die eine ausführliche Bibliographie enthält.

BERTOLT BRECHT

KALENDERGESCHICHTEN

———————

ROWOHLT

50. Auflage Januar 2001

Veröffentlicht im Rowohlt Taschenbuch Verlag GmbH,
Hamburg, Januar 1953
Copyright © 1953 by Gebrüder Weiss Verlag, Dreieich
Umschlaggestaltung Manfred Waller (Foto: Willy Saeger)
Gesetzt aus der Linotype-Aldus-Buchschrift
und der Palatino (D. Stempel AG)
Gesamtherstellung Clausen & Bosse, Leck
Printed in Germany
ISBN 3 499 10077 0

DER
AUGSBURGER KREIDEKREIS

———————

Zu der Zeit des Dreißigjährigen Krieges besaß ein Schweizer Protestant namens Zingli eine große Gerberei mit einer Lederhandlung in der freien Reichsstadt Augsburg am Lech. Er war mit einer Augsburgerin verheiratet und hatte ein Kind von ihr. Als die Katholischen auf die Stadt zu marschierten, rieten ihm seine Freunde dringend zur Flucht, aber, sei es, daß seine kleine Familie ihn hielt, sei es, daß er seine Gerberei nicht im Stich lassen wollte, er konnte sich jedenfalls nicht entschließen, beizeiten wegzureisen.

So war er noch in der Stadt, als die kaiserlichen Truppen sie stürmten, und als am Abend geplündert wurde, versteckte er sich in einer Grube im Hof, wo die Farben aufbewahrt wurden. Seine Frau sollte mit dem Kind zu ihren Verwandten in die Vorstadt ziehen, aber sie hielt sich zu lange damit auf, ihre Sachen, Kleider, Schmuck und Betten zu packen, und so sah sie plötzlich, von einem Fenster des ersten Stockes aus, eine Rotte kaiserlicher Soldaten in den Hof dringen. Außer sich vor Schrecken ließ sie alles stehen und liegen und rannte durch die Hintertür aus dem Anwesen.

So blieb das Kind im Hause zurück. Es lag in der großen Diele in seiner Wiege und spielte mit dem Holzball, der an einer Schnur von der Decke hing.

Nur eine junge Magd war noch im Hause. Sie hantierte in der Küche mit dem Kupferzeug, als sie Lärm von der Gasse her hörte. Ans Fenster stürzend, sah sie, wie aus dem ersten Stock des Hauses gegenüber von Soldaten allerhand Beutestücke auf die Gasse geworfen wurden. Sie lief in die Diele und wollte eben das Kind aus der Wiege nehmen, als sie das Geräusch schwerer Schläge gegen die eichene Haustür hörte. Sie wurde von Panik ergriffen und flog die Treppe hinauf.

Die Diele füllte sich mit betrunkenen Soldaten, die alles kurz und klein schlugen. Sie wußten, daß sie sich im Haus eines Protestanten befanden. Wie durch ein Wunder blieb bei der Durchsuchung und Plünderung Anna, die Magd, unentdeckt. Die Rotte verzog sich, und aus dem Schrank herauskletternd, in dem sie gestanden war, fand Anna auch das Kind in der Diele unversehrt. Sie nahm es hastig an sich und schlich mit ihm auf den Hof hinaus. Es war inzwischen Nacht geworden, aber der rote Schein eines in der Nähe brennenden Hauses erhellte den Hof, und entsetzt erblickte sie die übel zugerichtete Leiche des Hausherrn. Die Soldaten hatten ihn aus seiner Grube gezogen und erschlagen.

Erst jetzt wurde der Magd klar, welche Gefahr sie lief, wenn sie mit dem Kind des Protestanten auf der Straße aufgegriffen wurde. Sie legte es schweren Herzens in die Wiege zurück, gab ihm etwas Milch zu trinken, wiegte es in Schlaf und machte sich auf den Weg in den Stadtteil, wo ihre verheiratete Schwester wohnte. Gegen zehn Uhr nachts drängte sie sich, begleitet vom Mann ihrer Schwester, durch das Getümmel der ihren Sieg feiernden Soldaten, um in der Vorstadt Frau Zingli, die Mutter des Kindes, aufzusuchen. Sie klopften an die Tür eines mächtigen Hauses, die sich nach geraumer Zeit auch ein wenig öffnete. Ein kleiner alter Mann, Frau Zinglis Onkel, steckte den Kopf heraus. Anna berichtete atemlos, daß Herr Zingli tot, das Kind aber unversehrt im Hause sei. Der Alte sah sie kalt aus fischigen Augen an und sagte, seine Nichte sei nicht mehr da, und er selber habe mit dem Protestantenbankert nichts zu schaffen. Damit machte er die Tür wieder zu. Im Weggehen sah Annas Schwager, wie sich ein Vorhang in einem der Fenster bewegte, und gewann die Überzeugung, daß Frau Zingli da war. Sie schämte sich anscheinend nicht, ihr Kind zu verleugnen.

Eine Zeitlang gingen Anna und ihr Schwager schweigend nebeneinander her. Dann erklärte sie ihm, daß sie in die Gerberei zurück und das Kind holen wolle. Der Schwager, ein ruhiger, ordentlicher Mann, hörte sie erschrocken an und suchte ihr die gefährliche Idee auszureden. Was hatte sie mit diesen Leuten zu tun? Sie war nicht einmal anständig behandelt worden.

Anna hörte ihm still zu und versprach ihm, nichts Unvernünftiges zu tun. Jedoch wollte sie unbedingt noch schnell in die Gerberei schauen, ob dem Kind nichts fehle. Und sie wollte allein gehen.

Sie setzte ihren Willen durch. Mitten in der zerstörten Halle lag das Kind ruhig in seiner Wiege und schlief. Anna setzte sich müde zu ihm und betrachtete es. Sie hatte nicht gewagt, ein Licht anzuzünden, aber das Haus in der Nähe brannte immer noch, und bei diesem Licht konnte sie das Kind ganz gut sehen. Es hatte einen winzigen Leberfleck am Hälschen.

Als die Magd einige Zeit, vielleicht eine Stunde, zugesehen hatte, wie das Kind atmete und an seiner kleinen Faust saugte, erkannte sie, daß sie zu lange gesessen und zu viel gesehen hatte, um noch ohne das Kind weggehen zu können. Sie stand schwerfällig auf, und mit langsamen Bewegungen hüllte sie es in die Leinendecke, hob es auf den Arm und verließ mit ihm den Hof, sich scheu umschauend, wie eine Person mit schlechtem Gewissen, eine Diebin.

Sie brachte das Kind, nach langen Beratungen mit Schwester und Schwager, zwei Wochen darauf aufs Land in das Dorf Großaitingen, wo ihr älterer Bruder Bauer war. Der Bauernhof gehörte der Frau, er hatte nur eingeheiratet. Es war ausgemacht worden, daß sie vielleicht nur dem Bruder sagen sollte, wer das Kind war, denn sie hatten die junge Bäuerin nie zu Gesicht bekommen und wußten nicht, wie sie einen so gefährlichen kleinen Gast aufnehmen würde.

Anna kam gegen Mittag im Dorf an. Ihr Bruder, seine Frau und das Gesinde saßen beim Mittagessen. Sie wurde nicht schlecht empfangen, aber ein Blick auf ihre neue Schwägerin veranlaßte sie, das Kind sogleich als ihr eigenes vorzustellen. Erst nachdem sie erzählt hatte, daß ihr Mann in einem entfernten Dorf eine Stellung in einer Mühle hatte und sie dort mit dem Kind in ein paar Wochen erwartete, taute die Bäuerin auf, und das Kind wurde gebührend bewundert.

Nachmittags begleitete sie ihren Bruder ins Gehölz, Holz sammeln. Sie setzten sich auf Baumstümpfe, und Anna schenkte ihm reinen Wein ein. Sie konnte sehen, daß ihm nicht wohl in seiner Haut war. Seine Stellung auf dem Hof war noch nicht gefestigt, und er lobte Anna sehr, daß sie seiner Frau gegenüber den Mund gehalten hatte. Es war klar, daß er seiner jungen Frau keine besonders großzügige Haltung gegenüber dem Protestantenkind zutraute. Er wollte, daß die Täuschung aufrechterhalten wurde.

Das war nun auf die Länge nicht leicht.

Anna arbeitete bei der Ernte mit und pflegte «ihr» Kind zwischendurch, immer wieder vom Feld nach Hause laufend, wenn die anderen ausruhten. Der Kleine gedieh und wurde sogar dick, lachte, so oft er Anna sah, und suchte kräftig den Kopf zu heben. Aber dann kam der Winter, und die Schwägerin begann sich nach Annas Mann zu erkundigen.

Es sprach nichts dagegen, daß Anna auf dem Hof blieb, sie konnte sich nützlich machen. Das Schlimme war, daß die Nachbarn sich über den Vater von Annas Jungen wunderten, weil der nie kam, nach ihm zu sehen. Wenn sie keinen Vater für ihr Kind zeigen konnte, mußte der Hof bald ins Gerede kommen.

An einem Sonntagmorgen spannte der Bauer an und hieß Anna laut mitkommen, ein Kalb in einem Nachbardorf abzuholen. Auf dem ratternden Fahrweg teilte er ihr mit, daß er für sie einen Mann gesucht und gefunden hätte. Es war ein todkranker Häusler, der kaum den ausgemergelten Kopf vom schmierigen Laken heben konnte, als die beiden in seiner niedrigen Hütte standen.

Er war willig, Anna zu ehelichen. Am Kopfende des Lagers stand eine gelbhäutige Alte, seine Mutter. Sie sollte ein Entgelt für den Dienst, der Anna erwiesen wurde, bekommen.

Das Geschäft war in zehn Minuten ausgehandelt, und Anna und ihr Bruder konnten weiterfahren und ihr Kalb erstehen. Die Verehelichung fand Ende derselben Woche statt. Während der Pfarrer die Trauungsformel murmelte, wandte der Kranke nicht ein einziges Mal den glasigen Blick auf Anna. Ihr Bruder zweifelte nicht, daß sie den Totenschein in wenigen Tagen haben würden. Dann war Annas Mann und Kindsvater auf dem Weg zu ihr in einem Dorf bei Augsburg irgendwo gestorben, und niemand würde sich wundern, wenn die Witwe im Haus ihres Bruders bleiben würde.

Anna kam froh von ihrer seltsamen Hochzeit zurück, auf der es weder Kirchenglocken noch Blechmusik, weder Jungfern noch Gäste gegeben hatte. Sie verzehrte als Hochzeitsschmaus ein Stück Brot mit einer Scheibe Speck in der Speisekammer und trat mit ihrem Bruder dann vor die Kiste, in der das Kind lag, das jetzt einen Namen hatte. Sie stopfte das Laken fester und lachte ihren Bruder an.

Der Totenschein ließ allerdings auf sich warten.

Es kam weder die nächste noch die übernächste Woche Bescheid von der Alten. Anna hatte auf dem Hof erzählt, daß ihr Mann nun auf dem Weg zu ihr sei. Sie sagte nunmehr, wenn man sie fragte, wo er bliebe, der tiefe Schnee mache wohl die Reise beschwerlich. Aber nachdem weitere drei Wochen vergangen waren, fuhr ihr Bruder doch, ernstlich beunruhigt, in das Dorf bei Augsburg.

Er kam spät in der Nacht zurück. Anna war noch auf und lief zur Tür, als sie das Fuhrwerk auf dem Hof knarren hörte. Sie sah, wie langsam der Bauer ausspannte, und ihr Herz krampfte sich zusammen.

Er brachte üble Nachricht. In die Hütte tretend hatte er den Todgeweihten beim Abendessen am Tisch sitzend vorgefunden, in Hemdsärmeln, mit beiden Backen kauend. Er war wieder völlig gesundet.

Der Bauer sah Anna nicht ins Gesicht, als er weiter berichtete. Der Häusler, er hieß übrigens Otterer, und seine Mutter schienen über die Wendung ebenfalls überrascht und waren wohl noch zu keinem Entschluß gekommen, was zu geschehen hätte. Otterer habe keinen unangenehmen Eindruck gemacht. Er hatte wenig gesprochen, jedoch einmal seine Mutter, als sie darüber jammern wollte, daß er nun ein ungewünschtes Weib und ein fremdes Kind auf dem Hals habe, zum Schweigen verwiesen. Er aß bedächtig seine Käsespeise weiter während der Unterhaltung und aß noch, als der Bauer wegging.

Die nächsten Tage war Anna natürlich sehr bekümmert. Zwischen ihrer Hausarbeit lehrte sie den Jungen gehen. Wenn er den Spinnrocken losließ und mit ausgestreckten Ärmchen auf sie zugewackelt kam, unterdrückte sie ein trockenes Schluchzen und umklammerte ihn fest, wenn sie ihn auffing. Einmal fragte sie ihren Bruder: Was ist er für einer? Sie hatte ihn nur auf dem Sterbebett gesehen und nur abends, beim Schein einer schwachen Kerze. Jetzt erfuhr sie, daß ihr Mann ein abgearbeiteter Fünfziger sei, halt so, wie ein Häusler ist.

Bald darauf sah sie ihn. Ein Hausierer hatte ihr mit einem großen Aufwand an Heimlichkeiten ausgerichtet, daß «ein gewisser Bekannter» sie an dem und dem Tag zu der und der Stunde bei dem und dem Dorf, da wo der Fußweg nach Landsberg abgeht, treffen wolle. So begegneten die Verehelichten sich zwischen ihren Dörfern wie die antiken Feldherren zwischen ihren Schlachtreihen, im offenen Gelände, das vom Schnee bedeckt war.

Der Mann gefiel Anna nicht.

Er hatte kleine graue Zähne, sah sie von oben bis unten an, obwohl sie in einem dicken Schafspelz steckte und nicht viel zu sehen war, und gebrauchte dann die Wörter «Sakrament der Ehe». Sie sagte ihm kurz, sie müsse sich alles noch überlegen und er möchte ihr durch irgendeinen Händler oder Schlächter, der durch Großaitingen kam, vor ihrer Schwägerin ausrichten lassen, er werde jetzt bald kommen und sei nur auf dem Weg erkrankt.

Otterer nickte in seiner bedächtigen Weise. Er war über einen Kopf größer als sie und blickte immer auf ihre linke Halsseite beim Reden, was sie aufbrachte.

Die Botschaft kam aber nicht, und Anna ging mit dem Gedanken um, mit dem Kind einfach vom Hof zu gehen und weiter südwärts, etwa in Kempten oder Sonthofen, eine Stellung zu suchen. Nur die Unsicherheit der Landstraßen, über die viel geredet wurde, und daß es mitten im Winter war, hielt sie zurück.

Der Aufenthalt auf dem Hof wurde aber jetzt schwierig. Die Schwägerin stellte am Mittagstisch vor allem Gesinde mißtrauische Fragen nach ihrem Mann. Als sie einmal sogar, mit falschem Mitleid auf das Kind sehend, laut «armes Wurm» sagte, beschloß Anna, doch zu gehen, aber da wurde das Kind krank.

Es lag unruhig mit hochrotem Kopf und trüben Augen in seiner Kiste, und Anna wachte ganze Nächte über ihm in Angst und Hoffnung. Als es sich wieder auf dem Wege zur Besserung befand und sein Lächeln zurückgefunden hatte, klopfte es eines Vormittags an die Tür, und herein trat Otterer.

Es war niemand außer Anna und dem Kind in der Stube, so daß sie sich nicht verstellen mußte, was ihr bei ihrem Schrecken auch wohl unmöglich gewesen wäre. Sie standen eine gute Weile wortlos, dann äußerte Otterer, er habe die Sache seinerseits überlegt und sei gekommen, sie zu holen. Er erwähnte wieder das Sakrament der Ehe.

Anna wurde böse. Mit fester, wenn auch unterdrückter Stimme

sagte sie dem Mann, sie denke nicht daran, mit ihm zu leben, sie sei die Ehe nur eingegangen ihres Kindes wegen und wolle von ihm nichts, als daß er ihr und dem Kind seinen Namen gebe.

Otterer blickte, als sie von dem Kind sprach, flüchtig nach der Richtung der Kiste, in der es lag und brabbelte, trat aber nicht hinzu. Das nahm Anna noch mehr gegen ihn ein.

Er ließ ein paar Redensarten fallen; sie solle sich alles noch einmal überlegen, bei ihm sei Schmalhans Küchenmeister, und seine Mutter könne in der Küche schlafen. Dann kam die Bäuerin herein, begrüßte ihn neugierig und lud ihn zum Mittagessen. Den Bauern begrüßte er, schon am Teller sitzend, mit einem nachlässigen Kopfnicken, weder vortäuschend, er kenne ihn nicht, noch verratend, daß er ihn kannte. Auf die Fragen der Bäuerin antwortete er einsilbig, seine Blicke nicht vom Teller hebend, er habe in Mering eine Stelle gefunden und Anna könne zu ihm ziehen. Jedoch sagte er nichts mehr davon, daß dies gleich sein müsse.

Am Nachmittag vermied er die Gesellschaft des Bauern und hackte hinter dem Haus Holz, wozu ihn niemand aufgefordert hatte. Nach dem Abendessen, an dem er wieder schweigend teilnahm, trug die Bäuerin selber ein Deckbett in Annas Kammer, damit er dort übernachten konnte, aber da stand er merkwürdigerweise schwerfällig auf und murmelte, daß er noch am selben Abend zurück müsse. Bevor er ging, starrte er mit abwesendem Blick in die Kiste mit dem Kind, sagte aber nichts und rührte es nicht an.

In der Nacht wurde Anna krank und verfiel in ein Fieber, das wochenlang dauerte. Die meiste Zeit lag sie teilnahmslos, nur ein paarmal gegen Mittag, wenn das Fieber etwas nachließ, kroch sie zu der Kiste mit dem Kind und stopfte die Decke zurecht.

In der vierten Woche ihrer Krankheit fuhr Otterer mit einem Leiterwagen auf dem Hof vor und holte sie und das Kind ab. Sie ließ es wortlos geschehen.

Nur sehr langsam kam sie wieder zu Kräften, kein Wunder bei den dünnen Suppen der Häuslerhütte. Aber eines Morgens sah sie, wie schmutzig das Kind gehalten war, und stand entschlossen auf.

Der Kleine empfing sie mit seinem freundlichen Lächeln, von dem ihr Bruder immer behauptet hatte, er habe es von ihr. Er war gewachsen und kroch mit unglaublicher Geschwindigkeit in der Kammer herum, mit den Händen aufpatschend und kleine Schreie ausstoßend, wenn er auf das Gesicht niederfiel. Sie wusch ihn in einem Holzzuber und gewann ihre Zuversicht zurück.

Wenige Tage später freilich konnte sie das Leben in der Hütte nicht mehr aushalten. Sie wickelte den Kleinen in ein paar Decken, steckte ein Brot und etwas Käse ein und lief weg.

Sie hatte vor, nach Sonthofen zu kommen, kam aber nicht weit. Sie war noch recht schwach auf den Beinen, die Landstraße lag unter der Schneeschmelze, und die Leute in den Dörfern waren durch den Krieg sehr mißtrauisch und geizig geworden. Am dritten Tag ihrer Wanderung verstauchte sie sich den Fuß in einem Straßengraben und wurde nach vielen Stunden, in denen sie um das Kind bangte, auf einen Hof gebracht, wo sie im Stall liegen mußte. Der Kleine kroch zwischen den Beinen der Kühe herum und lachte nur, wenn sie ängstlich aufschrie. Am Ende mußte sie den Leuten des Hofs den Namen ihres Mannes sagen, und er holte sie wieder nach Mering.

Von nun an machte sie keinen Fluchtversuch mehr und nahm ihr Los hin. Sie arbeitete hart. Es war schwer, aus dem kleinen Acker etwas herauszuholen und die winzige Wirtschaft in Gang zu halten. Jedoch war der Mann nicht unfreundlich zu ihr, und der Kleine wurde satt. Auch kam ihr Bruder mitunter herüber und brachte dies und jenes als Präsent, und einmal konnte sie dem Kleinen sogar ein Röcklein rot einfärben lassen. Das, dachte sie, mußte dem Kind eines Färbers gut stehen.

Mit der Zeit wurde sie ganz zufrieden gestimmt und erlebte viel Freude bei der Erziehung des Kleinen. So vergingen mehrere Jahre.

Aber eines Tages ging sie ins Dorf Sirup holen, und als sie zurückkehrte, war das Kind nicht in der Hütte, und ihr Mann berichtete ihr, daß eine feingekleidete Frau in einer Kutsche vorgefahren sei und das Kind geholt habe. Sie taumelte an die Wand vor Entsetzen, und am selben Abend noch machte sie sich, nur ein Bündel mit Eßbarem tragend, auf den Weg nach Augsburg.

Ihr erster Gang in der Reichsstadt war zur Gerberei. Sie wurde nicht vorgelassen und bekam das Kind nicht zu sehen.

Schwester und Schwager versuchten vergebens, ihr Trost zuzureden. Sie lief zu den Behörden und schrie außer sich, man habe ihr

Kind gestohlen. Sie ging soweit, anzudeuten, daß Protestanten ihr Kind gestohlen hätten. Sie erfuhr daraufhin, daß jetzt andere Zeiten herrschten und zwischen Katholiken und Protestanten Friede geschlossen worden sei.

Sie hätte kaum etwas ausgerichtet, wenn ihr nicht ein besonderer Glücksumstand zu Hilfe gekommen wäre. Ihre Rechtssache wurde an einen Richter verwiesen, der ein ganz besonderer Mann war.

Es war das der Richter Ignaz Dollinger, in ganz Schwaben berühmt wegen seiner Grobheit und Gelehrsamkeit, vom Kurfürsten von Bayern, mit dem er einen Rechtsstreit der freien Reichsstadt ausgetragen hatte, «dieser lateinische Mistbauer» getauft, vom niedrigen Volk aber in einer langen Moritat löblich besungen.

Von Schwester und Schwager begleitet kam Anna vor ihn. Der kurze, aber ungemein fleischige alte Mann saß in einer winzigen kahlen Stube zwischen Stößen von Pergamenten und hörte sie nur ganz kurz an. Dann schrieb er etwas auf ein Blatt, brummte: «Tritt dorthin, aber mach schnell!» und dirigierte sie mit seiner kleinen plumpen Hand an eine Stelle des Raums, auf die durch das schmale Fenster das Licht fiel. Für einige Minuten sah er genau ihr Gesicht an, dann winkte er sie mit einem Stoßseufzer weg.

Am nächsten Tag ließ er sie durch einen Gerichtsdiener holen und schrie sie, als sie noch auf der Schwelle stand, an: «Warum hast du keinen Ton davon gesagt, daß es um eine Gerberei mit einem pfundigen Anwesen geht?»

Anna sagte verstockt, daß es ihr um das Kind gehe.

«Bilde dir nicht ein, daß du die Gerberei schnappen kannst», schrie der Richter. «Wenn der Bankert wirklich deiner ist, fällt das Anwesen an die Verwandten von dem Zingli.»

Anna nickte, ohne ihn anzuschauen. Dann sagte sie: «Er braucht die Gerberei nicht.»

«Ist er deiner?» bellte der Richter.

«Ja», sagte sie leise. «Wenn ich ihn nur so lange behalten dürfte, bis er alle Wörter kann. Er weiß erst sieben.»

Der Richter hustete und ordnete die Pergamente auf seinem Tisch. Dann sagte er ruhiger, aber immer noch in ärgerlichem Ton:

«Du willst den Knirps, und die Ziege da mit ihren fünf Seidenröcken will ihn. Aber er braucht die rechte Mutter.»

«Ja», sagte Anna und sah den Richter an.

«Verschwind», brummte er. «Am Samstag halte ich Gericht.»

An diesem Samstag war die Hauptstraße und der Platz vor dem Rathaus am Perlachturm schwarz von Menschen, die dem Prozeß um das Protestantenkind beiwohnen wollten. Der sonderbare Fall hatte von Anfang an viel Aufsehen erregt, und in Wohnungen und Wirtschaften wurde darüber gestritten, wer die echte und wer die falsche Mutter war. Auch war der alte Dollinger weit und breit berühmt wegen seiner volkstümlichen Prozesse mit ihren bissigen Redensarten und Weisheitssprüchen. Seine Verhandlungen waren beliebter als Plärrer und Kirchweih.

So stauten sich vor dem Rathaus nicht nur viele Augsburger; auch nicht wenige Bauersleute der Umgegend waren da. Freitag war Markttag, und sie hatten in Erwartung des Prozesses in der Stadt übernachtet.

Der Saal, in dem der Richter Dollinger verhandelte, war der sogenannte Goldene Saal. Er war berühmt als einziger Saal von dieser Größe in ganz Deutschland, der keine Säulen hatte; die Decke war an Ketten im Dachfirst aufgehängt.

Der Richter Dollinger saß, ein kleiner runder Fleischberg, vor dem geschlossenen Erztor der einen Längswand. Ein gewöhnliches Seil trennte die Zuhörer ab. Aber der Richter saß auf ebenem Boden und hatte keinen Tisch vor sich. Er hatte selber vor Jahren diese Anordnung getroffen; er hielt viel von Aufmachung.

Anwesend innerhalb des abgeseilten Raums waren Frau Zingli mit ihren Eltern, die zugereisten Schweizer Verwandten des verstorbenen Herrn Zingli, zwei gutgekleidete würdige Männer, aussehend wie wohlbestallte Kaufleute, und Anna Otterer mit ihrer Schwester. Neben Frau Zingli sah man eine Amme mit dem Kind.

Alle, Parteien und Zeugen, standen. Der Richter Dollinger pflegte zu sagen, daß die Verhandlungen kürzer ausfielen, wenn die Beteiligten stehen mußten. Aber vielleicht ließ er sie auch nur stehen, damit sie ihn vor dem Publikum verdeckten, so daß man ihn nur sah, wenn man sich auf die Fußzehen stellte und den Hals ausrenkte.

Zu Beginn der Verhandlung kam es zu einem Zwischenfall. Als Anna das Kind erblickte, stieß sie einen Schrei aus und trat vor,

14

und das Kind wollte zu ihr, strampelte heftig in den Armen der Amme und fing an zu brüllen. Der Richter ließ es aus dem Saal bringen.

Dann rief er Frau Zingli auf.

Sie kam vorgerauscht und schilderte, ab und zu ein Sacktüchlein an die Augen lüftend, wie bei der Plünderung die kaiserlichen Soldaten ihr das Kind entrissen hätten. Noch in derselben Nacht war die Magd in das Haus ihres Vaters gekommen und hatte berichtet, das Kind sei noch im Haus, wahrscheinlich in Erwartung eines Trinkgelds. Eine Köchin ihres Vaters habe jedoch das Kind, in die Gerberei geschickt, nicht vorgefunden, und sie nehme an, die Person (sie deutete auf Anna) habe sich seiner bemächtigt, um irgendwie Geld erpressen zu können. Sie wäre auch wohl über kurz oder lang mit solchen Forderungen hervorgekommen, wenn man ihr nicht zuvor das Kind abgenommen hätte.

Der Richter Dollinger rief die beiden Verwandten des Herrn Zingli auf und fragte sie, ob sie sich damals nach Herrn Zingli erkundigt hätten und was ihnen von Frau Zingli erzählt worden sei.

Sie sagten aus, Frau Zingli habe sie wissen lassen, ihr Mann sei erschlagen worden, und das Kind habe sie einer Magd anvertraut, bei der es in guter Hut sei. Sie sprachen sehr unfreundlich von ihr, was allerdings kein Wunder war, denn das Anwesen fiel an sie, wenn der Prozeß für Frau Zingli verlorenginge.

Nach ihrer Aussage wandte sich der Richter wieder an Frau Zingli und wollte von ihr wissen, ob sie nicht einfach bei dem Überfall damals den Kopf verloren und das Kind im Stich gelassen habe.

Frau Zingli sah ihn mit ihren blassen blauen Augen wie verwundert an und sagte gekränkt, sie habe ihr Kind nicht im Stich gelassen.

Der Richter Dollinger räusperte sich und fragte sie interessiert, ob sie glaube, daß keine Mutter ihr Kind im Stich lassen könnte.

Ja, das glaube sie, sagte sie fest.

Ob sie dann glaube, fragte der Richter weiter, daß einer Mutter, die es doch tue, der Hintern verhauen werden müßte, gleichgültig, wie viele Röcke sie darüber trage?

Frau Zingli gab keine Antwort, und der Richter rief die frühere Magd Anna auf. Sie trat schnell vor und sagte mit leiser Stimme, was sie schon bei der Voruntersuchung gesagt hatte. Sie redete aber, als ob sie zugleich horchte, und ab und zu blickte sie nach der großen Tür, hinter die man das Kind gebracht hatte, als fürchtete sie, daß es immer noch schreie.

Sie sagte aus, sie sei zwar in jener Nacht zum Haus von Frau Zinglis Onkel gegangen, dann aber nicht in die Gerberei zurückgekehrt, aus Furcht vor den Kaiserlichen und weil sie Sorgen um ihr eigenes, lediges Kind gehabt habe, das bei guten Leuten im Nachbarort Lechhausen untergebracht gewesen sei.

Der alte Dollinger unterbrach sie grob und schnappte, es habe also zumindest eine Person in der Stadt gegeben, die so etwas wie Furcht verspürt habe. Er freue sich, das feststellen zu können, denn es beweise, daß eben zumindest eine Person damals einige Vernunft besessen habe. Schön sei es allerdings von der Zeugin nicht gewesen, daß sie sich nur um ihr eigenes Kind gekümmert habe, andererseits aber heiße es ja im Volksmund, Blut sei dicker als Wasser, und was eine rechte Mutter sei, die gehe auch stehlen für ihr Kind, das sei aber vom Gesetz streng verboten, denn Eigentum sei Eigentum, und wer stehle, der lüge auch, und lügen sei ebenfalls vom Gesetz verboten. Und dann hielt er eine seiner weisen und derben Lektionen über die Abgefeimtheit der Menschen, die das Gericht anschwindelten, bis sie blau im Gesicht seien, und nach einem kleinen Abstecher über die Bauern, die die Milch unschuldiger Kühe mit Wasser verpantschten, und den Magistrat der Stadt, der zu hohe Marktsteuern von den Bauern nehme, der überhaupt nichts mit dem Prozeß zu tun hatte, verkündigte er, daß die Zeugenaussage geschlossen sei und nichts ergeben habe.

Dann machte er eine lange Pause und zeigte alle Anzeichen der Ratlosigkeit, sich umblickend, als erwarte er von irgendeiner Seite her einen Vorschlag, wie man zu einem Schluß kommen könnte.

Die Leute sahen sich verblüfft an und einige reckten die Hälse, um einen Blick auf den hilflosen Richter zu erwischen. Es blieb aber sehr still im Saal, nur von der Straße herauf konnte man die Menge hören.

Dann ergriff der Richter wieder seufzend das Wort.

«Es ist nicht festgestellt worden, wer die rechte Mutter ist», sagte er. «Das Kind ist zu bedauern. Man hat schon gehört, daß die Väter sich oft drücken und nicht die Väter sein wollen, die Schufte, aber hier melden sich gleich zwei Mütter. Der Gerichtshof hat ihnen so lange zugehört, wie sie es verdienen, nämlich einer jeden geschlagene fünf Minuten, und der Gerichtshof ist zu der Überzeugung gelangt, daß beide wie gedruckt lügen. Nun ist aber, wie gesagt, auch noch das Kind zu bedenken, das eine Mutter haben muß. Man muß also, ohne auf bloßes Geschwätz einzugehen, feststellen, wer die rechte Mutter des Kindes ist.»

Und mit ärgerlicher Stimme rief er den Gerichtsdiener und befahl ihm, eine Kreide zu holen.

Der Gerichtsdiener ging und brachte ein Stück Kreide.

«Zieh mit der Kreide da auf dem Fußboden einen Kreis, in dem drei Personen stehen können», wies ihn der Richter an.

Der Gerichtsdiener kniete nieder und zog mit der Kreide den gewünschten Kreis.

«Jetzt bring das Kind», befahl der Richter.

Das Kind wurde hereingebracht. Es fing wieder an zu heulen und wollte zu Anna. Der alte Dollinger kümmerte sich nicht um das Geplärr und hielt seine Ansprache nur in etwas lauterem Ton.

«Diese Probe, die jetzt vorgenommen werden wird», verkündete er, «habe ich in einem alten Buch gefunden, und sie gilt als recht gut. Der einfache Grundgedanke der Probe mit dem Kreidekreis ist, daß die echte Mutter an ihrer Liebe zum Kind erkannt wird. Also muß die Stärke dieser Liebe erprobt werden. Gerichtsdiener, stell das Kind in diesen Kreidekreis.» Der Gerichtsdiener nahm das plärrende Kind von der Hand der Amme und führte es in den Kreis. Der Richter fuhr fort, sich an Frau Zingli und Anna wendend: «Stellt auch ihr euch in den Kreidekreis, faßt jede eine Hand des Kindes, und wenn ich ‹los› sage, dann bemüht euch, das Kind aus dem Kreis zu ziehen. Die von euch die stärkere Liebe hat, wird auch mit der größeren Kraft ziehen und so das Kind auf ihre Seite bringen.»

Im Saal war es unruhig geworden. Die Zuschauer stellten sich auf die Fußspitzen und stritten sich mit den vor ihnen Stehenden.

Es wurde aber wieder totenstill, als die beiden Frauen in den Kreis traten und jede eine Hand des Kindes faßte. Auch das Kind war verstummt, als ahnte es, um was es ginge. Es hielt sein tränen-

17

überströmtes Gesichtchen zu Anna emporgewendet. Dann kommandierte der Richter «los».

Und mit einem einzigen heftigen Ruck riß Frau Zingli das Kind aus dem Kreidekreis. Verstört und ungläubig sah Anna ihm nach. Aus Furcht, es könne Schaden erleiden, wenn es an beiden Ärmchen zugleich in zwei Richtungen gezogen würde, hatte sie es sogleich losgelassen.

Der alte Dollinger stand auf.

«Und somit wissen wir», sagte er laut, «wer die rechte Mutter ist. Nehmt der Schlampe das Kind weg. Sie würde es kalten Herzens in Stücke reißen.» Und er nickte Anna zu und ging schnell aus dem Saal, zu seinem Frühstück.

Und in den nächsten Wochen erzählten sich die Bauern der Umgebung, die nicht auf den Kopf gefallen waren, daß der Richter, als er der Frau aus Mering das Kind zusprach, mit den Augen gezwinkert habe.

BALLADE
VON DER JUDENHURE
MARIE SANDERS

———

1

In Nürnberg machten sie ein Gesetz,
Darüber weinte manches Weib, das
Mit dem falschen Mann im Bett lag.
  Das Fleisch schlägt auf in den Vorstädten,
  Die Trommeln schlagen mit Macht,
  Gott im Himmel, wenn sie etwas vorhätten,
  Wäre es heute nacht.

2

Marie Sanders, dein Geliebter
Hat zu schwarzes Haar.
Besser, du bist heute zu ihm nicht mehr
Wie du zu ihm gestern warst.
  Das Fleisch schlägt auf in den Vorstädten,
  Die Trommeln schlagen mit Macht,
  Gott im Himmel, wenn sie etwas vorhätten,
  Wäre es heute nacht.

3

Mutter, gib mir den Schlüssel,
Es ist alles halb so schlimm.
Der Mond sieht aus wie immer.
  Das Fleisch schlägt auf in den Vorstädten,
  Die Trommeln schlagen mit Macht,

Gott im Himmel, wenn sie etwas vorhätten,
Wäre es heute nacht.

4

Eines Morgens, früh um neun Uhr,
Fuhr sie durch die Stadt
Im Hemd, um den Hals ein Schild,
Das Haar geschoren.
Die Gasse johlte. Sie
Blickte kalt.
  Das Fleisch schlägt auf in den Vorstädten,
  Der Streicher spricht heute nacht.
  Großer Gott, wenn sie ein Ohr hätten,
  Wüßten sie, was man mit ihnen macht.

DIE
ZWEI SÖHNE

Eine Bäuerin im Thüringischen träumte im Januar 1945, als der Hitlerkrieg zu Ende ging, daß ihr Sohn im Feld sie rief, und schlaftrunken auf den Hof hinausgehend, glaubte sie ihren Sohn an der Pumpe zu sehen, trinkend. Als sie ihn ansprach, erkannte sie, daß es einer der jungen russischen Kriegsgefangenen war, die auf dem Hof Zwangsarbeit verrichteten. Einige Tage darauf hatte sie ein merkwürdiges Erlebnis. Sie brachte den Gefangenen ihr Essen in ein nahes Gehölz, wo sie Baumstümpfe auszugraben hatten. Im Weggehen sah sie über die Schulter zurück denselben jungen Kriegsgefangenen, übrigens einen kränklichen Menschen, das Gesicht nach dem Blechtopf wenden, den ihm jemand mit der Suppe reichte, und zwar in einer enttäuschten Weise, und plötzlich verwandelte sich dieses Gesicht in das ihres Sohnes. Schnelle und schnell verschwimmende Verwandlungen des Gesichts eben dieses jungen Menschen in das ihres Sohnes passierten ihr in den nächsten Tagen öfter. Dann wurde der Kriegsgefangene krank; er blieb ohne Pflege in der Scheuer liegen. Die Bäuerin spürte einen zunehmenden Drang, ihm etwas Kräftiges zu bringen, jedoch wurde sie daran gehindert durch ihren Bruder, einen Kriegsinvaliden, der den Hof führte und die Gefangenen roh behandelte, besonders nun, wo alles anfing, drunter und drüber zu gehen und das Dorf die Gefangenen zu fürchten anfing. Die Bäuerin selbst konnte sich seinen Argumenten nicht verschließen; sie hielt es keineswegs für recht, diesen Untermenschen zu helfen, über die sie schreckliche Dinge gehört hatte. Sie lebte in Furcht, was die Feinde ihrem Sohn antun mochten, der im Osten stand. So hatte sie ihren halben Vorsatz, *diesem* Gefangenen zu helfen in seiner Verlassenheit, noch nicht ausgeführt, als sie eines Abends im verschneiten Obstgärtchen eine Gruppe der Gefangenen bei einer eifrig geführten Unterredung überraschte, die wohl, um im geheimen vorgehen zu können, in der Kälte stattfand. Der junge Mensch stand dabei, fieberzitternd, und, wahrscheinlich seines besonders geschwächten Zustands wegen, erschrak er am tiefsten vor ihr. Mitten im Schrecken nun geschah wieder die sonderbare Verwandlung seines Gesichts, so daß sie in das Gesicht ihres Sohnes schaute, und es war sehr erschrocken. Das beschäftigte sie tief, und wiewohl sie pflichtgemäß ihrem Bruder von der Unterredung im Obstgärtchen berichtete, beschloß sie doch, dem jungen Menschen die bereitgestellte Schinkenschwarte nunmehr zuzustecken. Dies stellte sich, wie manche gute Tat im Dritten Reich, als äußerst schwierig und gefahrvoll heraus. Sie hatte bei diesem Unternehmen ihren eigenen Bruder zum Feind, und sie konnte auch der Kriegsgefangenen nicht sicher sein. Dennoch gelang es ihr. Allerdings entdeckte sie dabei, daß die Gefangenen wirklich vorhatten, auszubrechen, da die Gefahr für sie täglich wuchs, daß sie vor den anrückenden roten Armeen nach Westen verschleppt oder einfach niedergemacht würden. Die Bäuerin konnte gewisse, ihr pantomimisch und mit wenigen Brocken Deutsch klargemachte Wünsche des jungen Gefangenen, an den sie ihr merkwürdiges Erlebnis band, nicht abschlagen und ließ sich so in die Fluchtpläne der Gefangenen verwickeln. Sie besorgte eine Jacke und eine große Blechschere. Eigentümlicherweise fand die Verwandlung von da an nicht mehr statt; die Bäuerin half jetzt lediglich dem fremden jungen Menschen. So war es ein Schock für sie, als eines Morgens Ende Februar ans Fenster geklopft wurde und sie durch das Glas im Dämmer das Gesicht ihres Sohnes erblickte. Diesmal war es ihr Sohn. Er trug die zerfetzte Uniform der Waffen-SS, sein Truppenteil war aufgerieben, und er berichtete aufgeregt, daß die Russen nur noch wenige Kilometer vom Dorf entfernt seien. Seine Heimkunft mußte unbedingt geheimgehalten werden. Bei einer Art Kriegsrat, den die Bäuerin, ihr Bruder und ihr Sohn in einem Winkel des Dachbodens abhielten, wurde vor allem beschlossen, sich der Kriegsgefangenen zu entledigen, da sie möglicherweise den SS-Mann gesehen hatten und überhaupt voraussichtlich über ihre Behandlung Aussage machen würden. In der Nähe war ein Steinbruch. Der SS-Mann bestand darauf, daß er in der kommenden Nacht sie einzeln aus der Scheuer locken und niedermachen müßte. Dann konnte man die Leichen in den Steinbruch schaffen. Am Abend sollten sie noch einige Rationen Branntwein bekommen; das konnte ihnen nicht allzusehr auffallen, meinte der Bruder, weil dieser zusammen mit dem Gesinde in der letzten Zeit schon ausgemacht freundlich zu den Russen gewesen war, um sie im letzten Augenblick noch günstig zu stimmen. Als der junge SS-Mann den Plan entwickelte, sah er plötzlich seine Mutter zittern. Die Männer beschlossen, sie auf keinen Fall mehr in die Nähe der Scheuer zu lassen. So erwartete sie voller Entsetzen die Nacht. Die Russen nahmen den Branntwein anscheinend dankend an, und die Bäuerin hörte sie betrunken ihre melancholischen Lieder singen. Aber als ihr Sohn gegen elf Uhr in die Scheuer ging, waren die Gefangenen weg. Sie hatten die Trunkenheit vorgetäuscht. Gerade die neue unnatürliche Freundlichkeit des Hofs hatte sie überzeugt, daß die Rote Armee sehr nahe sein mußte. – Die Russen kamen in der zweiten Hälfte der Nacht. Der Sohn lag betrunken auf dem Dachboden, während die Bäuerin, von Panik erfaßt, seine SS-Uniform zu verbrennen versuchte. Auch ihr Bruder hatte sich betrunken; sie selbst mußte die russischen Soldaten empfangen und verköstigen. Sie tat es mit versteinertem Gesicht. Die Russen zogen am Morgen ab, die Rote Armee setzte ihren Vormarsch fort. Der Sohn, übernächtig, verlangte von neuem Branntwein und äußerte die feste Absicht, sich zu den rückflutenden deutschen Heeresteilen durchzuschlagen, um weiterzukämpfen. Die Bäuerin versuchte nicht, ihm klarzumachen, daß Weiterkämpfen nun sicheren Untergang bedeutete. Verzweifelt warf sie sich ihm in den Weg und versuchte, ihn körperlich zurückzuhalten. Er schleuderte sie auf das Stroh zurück. Sich wieder aufrichtend, fühlte sie ein Deichselscheit in der Hand, und weit ausholend schlug sie den Rasenden nieder.

Am selben Vormittag fuhr mit einem Leiterwagen eine Bäuerin in dem nächstgelegenen Marktflecken bei der russischen Kommandantur vor und lieferte, mit Ochsenstricken gebunden, ihren Sohn als Kriegsgefangenen ab, damit er, wie sie einem Dolmetscher klarzumachen suchte, sein Leben behalte.

GLEICHNIS
DES BUDDHA VOM BRENNENDEN HAUS

Gothama, der Buddha, lehrte
Die Lehre vom Rade der Gier, auf das wir geflochten sind, und
    empfahl,
Alle Begierde abzutun und so
Wunschlos einzugehen ins Nichts, das er Nirwana nannte.
Da fragten ihn eines Tags seine Schüler:
«Wie ist dies Nichts, Meister? Wir alle möchten
Abtun alle Begierde, wie du empfiehlst, aber sage uns,
Ob dies Nichts, in das wir dann eingehen,
Etwa so ist wie dies Einssein mit allem Geschaffenen,
Wenn man im Wasser liegt, leichten Körpers, am Mittag
Ohne Gedanken fast, faul im Wasser liegt oder in Schlaf fällt,
Kaum noch wissend, daß man die Decke zurechtschiebt,
Schnell versinkend, ob dies Nichts also
So ein fröhliches ist, ein gutes Nichts, oder ob dies dein
Nichts nur einfach ein Nichts ist, kalt, leer und bedeutungslos.»
Lang schwieg der Buddha, dann sagte er lässig:
«Keine Antwort ist auf euere Frage.»
Aber am Abend, als sie gegangen waren,
Saß der Buddha noch unter dem Brotbaum und sagte den andern,
Denen, die nicht gefragt hatten, folgendes Gleichnis:
«Neulich sah ich ein Haus. Es brannte. Am Dache
Leckte die Flamme. Ich ging hinzu und bemerkte,
Daß noch Menschen drin waren. Ich trat in die Tür und rief
Ihnen zu, daß Feuer im Dach sei, sie also auffordernd,
Schnell hinauszugehen. Aber die Leute
Schienen nicht eilig. Einer fragte mich,
Während ihm schon die Hitze die Braue versengte,
Wie es draußen denn sei, ob es auch nicht regne,

Ob nicht doch Wind ginge, ob da ein anderes Haus sei,
Und so noch einiges. Ohne zu antworten,
Ging ich wieder hinaus. Diese, dachte ich,
Müssen verbrennen, bevor sie zu fragen aufhören. Wirklich,
    Freunde,
Wem der Boden noch nicht so heiß ist, daß er ihn lieber
Mit jedem andern vertausche, als daß er da bliebe, dem
Habe ich nichts zu sagen.» So Gothama, der Buddha.

Aber auch wir, nicht mehr beschäftigt mit der Kunst des Duldens,
Eher beschäftigt mit der Kunst des Nichtduldens und vielerlei Vor-
    schläge
Irdischer Art vorbringend und die Menschen beschwörend,
Ihre menschlichen Peiniger abzuschütteln, meinen, daß wir denen,
    die
Angesichts der heraufkommenden Bombenflugzeuggeschwader des
    Kapitals noch allzulang fragen,
Wie wir uns dies dächten, wie wir uns das vorstellten
Und was aus ihren Sparbüchsen und Sonntagshosen werden soll
    nach einer Umwälzung,
Nicht viel zu sagen haben.

DAS
EXPERIMENT

Die öffentliche Laufbahn des großen Francis Bacon endete wie eine billige Parabel über den trügerischen Spruch «Unrecht macht sich nicht bezahlt». Als der höchste Richter des Reiches wurde er der Bestechlichkeit überführt und ins Gefängnis geworfen. Die Jahre seiner Lordkanzlerschaft rechnen mit all den Exekutionen, Vergebungen schädlicher Monopole, Verhängungen ungesetzlicher Verhaftungen und Fällungen diktierter Urteilssprüche zu den dunkelsten und schändlichsten der englischen Geschichte. Nach seiner Entlarvung und seinem Geständnis bewirkte sein Weltruf als Humanist und Philosoph, daß seine Vergehen weit über die Grenzen des Reiches hinaus bekannt wurden.

Er war ein alter Mann, als man ihm gestattete, aus dem Gefängnis auf sein Landgut zurückzukehren. Sein Körper war geschwächt durch die Anstrengungen, die es ihn gekostet hatte, andere zu Fall zu bringen, und die Leiden, die andere ihm zugefügt hatten, als sie ihn zu Fall brachten. Aber kaum zu Hause angekommen, stürzte er sich in das intensivste Studium der Naturwissenschaften. Über die Menschen zu herrschen, war ihm mißlungen. Nun widmete er die ihm verbliebenen Kräfte der Untersuchung, wie die Menschheit am besten die Herrschaft über die Naturkräfte gewinnen könnte. Seine Forschungen, nützlichen Dingen gewidmet, führten ihn aus der Studierstube immer wieder auf die Felder, in die Gärten und zu den Stallungen des Gutes. Er unterhielt sich stundenlang mit den Gärtnern über die Möglichkeiten, die Obstbäume zu veredeln, oder gab den Mägden Anweisungen, wie sie die Milchmengen der einzelnen Kühe messen könnten. Dabei fiel ihm ein Stalljunge auf. Ein wertvolles Pferd war erkrankt, und der Junge erstattete zweimal am Tag dem Philosophen Bericht. Sein Eifer und seine Beobachtungsgabe entzückten den alten Mann.

Als er jedoch eines Abends in den Stall kam, sah er eine alte Frau bei dem Jungen stehen und hörte sie sagen: «Er ist ein schlechter Mensch, gib acht vor ihm. Und wenn er ein noch so großer Herr ist und Geld wie Heu hat, er ist doch schlecht. Er ist dein Brotgeber, also mach deine Arbeit pünktlich, aber wisse immer, er ist schlecht.»

Der Philosoph hörte die Antwort des Jungen nicht mehr, da er schnell umkehrte und ins Haus zurückging, aber er fand den Jungen ihm gegenüber am nächsten Morgen unverändert.

Als das Pferd wieder gesund war, ließ er sich von dem Jungen auf vielen seiner Gänge begleiten und vertraute ihm kleinere Aufgaben an. Nach und nach gewöhnte er sich daran, mit ihm über einige Experimente zu reden. Dabei wählte er keineswegs Wörter, die für gemeinhin Erwachsene dem Verständnis von Kindern angepaßt glauben, sondern redete zu ihm wie mit einem Gebildeten. Er hatte zeit seines Lebens mit den größten Geistern Umgang gepflogen und war selten verstanden worden und nicht, weil er zu unklar, sondern weil er zu klar war. So kümmerte er sich nicht um die Mühen des Jungen; jedoch verbesserte er ihn geduldig, wenn er seinerseits sich mit den fremden Wörtern versuchte. Die Hauptübung für den Jungen bestand darin, daß er die Dinge, die er sah, und die Prozesse, die er miterlebte, zu beschreiben hatte. Der Philosoph zeigte ihm, wie viele Wörter es gab und wie viele nötig waren, damit man das Verhalten eines Dinges so beschreiben konnte, daß es halbwegs erkennbar aus der Beschreibung war und, vor allem, daß es nach der Beschreibung behandelt werden konnte. Einige Wörter gab es auch, die man besser nicht verwendete, weil die im Grund nichts besagten, Wörter wie «gut», «schlecht», «schön» usw.

Der Junge sah bald ein, daß es wenig Sinn hatte, einen Käfer «häßlich» zu nennen. Selbst «schnell» war noch nicht genug, man mußte angeben, wie schnell er sich bewegte, im Vergleich mit anderen Geschöpfen seiner Größe, und was ihm das ermöglichte. Man mußte ihn auf eine abschüssige Fläche setzen und auf eine glatte und Geräusche verursachen, damit er weglief, oder kleine Beutestücke für ihn aufstellen, auf die er sich zubewegen konnte. Hatte man sich lang genug mit ihm beschäftigt, verlor er «schnell» seine Häßlichkeit.

Einmal mußte der Junge ein Stück Brot beschreiben, das er in der Hand hielt, als der Philosoph ihn traf.

«Hier kannst du das Wort ‹gut› ruhig verwenden», sagte der alte Mann, «denn das Brot ist zum Essen von Menschen gemacht und kann für ihn gut oder schlecht sein. Nur bei größeren Gegenständen, welche die Natur geschaffen hat und welche nicht ohne weiteres zu bestimmten Zwecken geschaffen sind und vor allem nicht nur zum Gebrauch durch die Menschen, ist es töricht, sich mit solchen Wörtern zu begnügen.»

Der Junge dachte an die Sätze seiner Großmutter über Mylord.

Er machte schnelle Fortschritte im Begreifen, da ja alles immer auf ganz Greifbares hinauslief, was begriffen werden sollte, daß das Pferd durch die angewendeten Mittel gesund wurde oder ein Baum durch die angewendeten Mittel einging. Er begriff auch, daß immer ein vernünftiger Zweifel zurückzubleiben hatte, ob an den Veränderungen, die man beobachtete, wirklich die Methoden schuld waren, die man anwendete. Die wissenschaftliche Bedeutung der Denkweise des großen Bacon erfaßte der Junge kaum, aber die offenbare Nützlichkeit aller dieser Unternehmungen begeisterte ihn.

Er verstand den Philosophen so: Eine neue Zeit war für die Welt angebrochen. Die Menschheit vermehrte ihr Wissen beinahe täglich. Und alles Wissen galt der Steigerung des Wohlbefindens und des irdischen Glücks. Die Führung hatte die Wissenschaft. Die Wissenschaft durchforschte das Universum, alles, was es auf Erden gab, Pflanzen, Tiere, Boden, Wasser, Luft, damit mehr Nutzen daraus gezogen werden konnte. Nicht was man glaubte, war wichtig, sondern was man wußte. Man glaubte viel zuviel und wußte viel zuwenig. Darum mußte man alles ausprobieren, selber, mit den Händen, und nur von dem sprechen, was man mit eigenen Augen sah und was irgendeinen Nutzen haben konnte.

Das war die neue Lehre, und immer mehr Leute wandten sich ihr zu, bereit und begeistert dafür, die neuen Arbeiten vorzunehmen.

Die Bücher spielten eine große Rolle dabei, wenn es auch viele schlechte gab. Der Junge war sich klar darüber, daß er zu den Büchern vordringen mußte, wenn er zu den Leuten gehören wollte, die die neuen Arbeiten vornahmen.

Natürlich kam er nie bis in die Bibliothek des Hauses. Er hatte Mylord vor den Stallungen zu erwarten. Höchstens konnte er einmal, wenn der alte Mann mehrere Tage nicht gekommen war, sich von ihm im Park treffen lassen. Jedoch wurde seine Neugier auf die Studierstube, in der allnächtlich so lange die Lampe brannte, immer größer. Von einer Hecke aus, die gegenüber dem Zimmer stand, konnte er einen Blick auf Bücherregale werfen.

Er beschloß, lesen zu lernen.

Das war freilich nicht einfach. Der Kurat, zu dem er mit seinem Anliegen ging, betrachtete ihn wie eine Spinne auf dem Frühstückstisch.

«Willst du den Kühen das Evangelium des Herrn vorlesen?» fragte er übellaunig. Und der Junge konnte froh sein, ohne Maulschelle wegzukommen.

So mußte er einen anderen Weg wählen.

In der Sakristei der Dorfkirche lag ein Meßbuch. Hineingelangen konnte man, indem man sich zum Ziehen des Glockenstrangs meldete. Wenn man nun in Erfahrung bringen konnte, welche Stelle der Kurat bei der Messe sang, mußte es möglich sein, zwischen den Wörtern und den Buchstaben einen Zusammenhang zu entdecken. Auf alle Fälle begann der Junge, bei der Messe die lateinischen Wörter, die der Kurat sang, auswendig zu lernen, wenigstens einige von ihnen. Freilich sprach der Kurat die Wörter ungemein undeutlich aus, und allzuoft las er die Messe nicht.

Immerhin war der Junge nach einiger Zeit imstande, ein paar Anfänge dem Kuraten nachzusingen. Der Stallmeister überraschte ihn bei einer solchen Übung hinter der Scheune und verprügelte ihn, da er glaubte, der Junge wolle den Kuraten parodieren. So wurden die Maulschellen doch noch geliefert.

Die Stelle im Meßbuch festzustellen, wo die Wörter, die der Kurat sang, standen, war dem Jungen noch nicht gelungen, als eine große Katastrophe eintrat, die seinen Bemühungen, lesen zu lernen, zunächst ein Ende bereiten sollte. Mylord fiel in eine tödliche Krankheit. Er hatte den ganzen Herbst lange gekränkelt und war im Winter nicht erholt, als er in einem offenen Schlitten eine Fahrt zu einem einige Meilen entfernten Gut machte. Der Junge durfte mitkommen. Er stand hinten auf den Kufen, neben dem Kutschbock.

Der Besuch war gemacht, der alte Mann stapfte, von seinem Gastgeber begleitet, zum Schlitten zurück, da sah er am Weg einen erfrorenen Spatzen liegen. Stehenbleibend drehte er ihn mit dem Stock um.

«Wie lange, denken Sie, liegt er schon hier?» hörte ihn der Junge, der mit einer Warmwasserbottel hinter ihm hertrottete, den Gastgeber fragen.

Die Antwort war: «Von einer Stunde bis zu einer Woche oder länger.»

Der kleine alte Mann ging sinnend weiter und nahm von seinem Gastgeber nur einen sehr zerstreuten Abschied.

«Das Fleisch ist noch ganz frisch, Dick», sagte er, zu dem Jungen umgewendet, als der Schlitten angezogen hatte.

Sie fuhren eine Strecke Weges, ziemlich schnell, da der Abend schon über die Schneefelder herabdämmerte und die Kälte rasch zunahm. So kam es, daß beim Einbiegen in das Tor zum Gutshof ein anscheinend aus dem Stall entkommenes Huhn überfahren wurde. Der alte Mann folgte den Anstrengungen des Kutschers, dem steifflatternden Huhn auszuweichen, und gab das Zeichen zum Halten, als das Manöver mißglückt war.

Sich aus seinen Decken und Fellen herausarbeitend, stieg er vom Schlitten und, den Arm auf den Jungen gestützt, ging er, trotz der Warnungen des Kutschers vor der Kälte, zu der Stelle zurück, wo das Huhn lag.

Es war tot.

Der alte Mann hieß den Jungen es aufheben.

«Nimm die Eingeweide heraus», befahl er.

«Kann man es nicht in der Küche machen?» fragte der Kutscher, seinen Herrn, wie er so gebrechlich im kalten Wind stand, betrachtend.

«Nein, es ist besser hier», sagte dieser. «Dick hat sicher ein Messer bei sich, und wir brauchen den Schnee.»

Der Junge tat, was ihm befohlen war, und der alte Mann, der anscheinend seine Krankheit und die Kälte vergessen hatte, bückte sich selber und nahm mühevoll eine Hand voll Schnee auf. Sorgfältig stopfte er den Schnee in das Innere des Huhnes.

Der Junge begriff. Auch er hob Schnee auf und gab ihn seinem Lehrer, damit das Huhn vollends ausgefüllt werden konnte.

«Es muß sich so wochenlang frisch halten», sagte der alte Mann lebhaft, «legt es auf kalte Steinfliesen im Keller!»

Er ging den kurzen Weg zur Tür zu Fuß zurück, ein wenig erschöpft und schwer auf den Jungen gestützt, der das mit Schnee ausgestopfte Huhn unter dem Arm trug.

Als er in die Halle trat, schüttelte ihn der Frost.

Am nächsten Morgen lag er in hohem Fieber.

Der Junge strich bekümmert herum und suchte überall etwas über das Befinden seines Lehrers aufzuschnappen. Er erfuhr wenig, das Leben auf dem großen Gut ging ungestört weiter. Erst am dritten Tag kam eine Wendung. Er wurde in das Arbeitszimmer gerufen.

Der alte Mann lag auf einem schmalen Holzbett unter vielen Decken, aber die Fenster standen offen, so daß es kalt war. Der Kranke schien dennoch zu glühen. Mit schütterer Stimme erkundigte er sich nach dem Zustand des mit Schnee gefüllten Huhnes.

Der Junge berichtete, daß es unverändert frisch aussah.

«Das ist gut», sagte der alte Mann befriedigt. «Gib mir in zwei Tagen wieder Bericht!»

Der Junge bedauerte, als er wegging, daß er das Huhn nicht mitgenommen hatte. Der alte Mann schien weniger krank zu sein, als man in der Dienerschaftsdiele behauptete.

Er wechselte zweimal am Tag den Schnee mit frischem aus, und das Huhn hatte nichts von seiner Unversehrtheit verloren, als er sich von neuem auf den Weg in das Krankenzimmer machte.

Er traf auf ganz ungewöhnliche Hindernisse.

Aus der Hauptstadt waren Ärzte gekommen. Der Korridor summte von wispernden, kommandierenden und untertänigen Stimmen, und überall gab es fremde Gesichter. Ein Diener, der eine mit einem großen Tuch zugedeckte Platte ins Krankenzimmer trug, wies ihn barsch fort.

Mehrmals, den ganzen Vormittag und Nachmittag über, machte er vergebliche Versuche, in das Krankenzimmer zu gelangen. Die fremden Ärzte schienen sich im Schloß niederlassen zu wollen. Sie kamen ihm wie riesige schwarze Vögel vor, die sich auf einem kranken Mann niederließen, der wehrlos geworden war. Gegen Abend versteckte er sich in einem Kabinett auf dem Korridor, in dem es sehr kalt war. Er zitterte beständig vor Frost, hielt dies aber für günstig, da ja das Huhn im Interesse des Experiments unbedingt kalt gehalten werden mußte.

Während des Abendessens ebbte die schwarze Flut etwas ab, und der Junge konnte in das Krankenzimmer schlüpfen.

Der Kranke lag allein, alles war beim Essen. Neben dem kleinen Bett stand eine Leselampe mit grünem Schirm. Der alte Mann hatte ein sonderbar zusammengeschrumpftes Gesicht, das eine wächserne Blässe aufwies. Die Augen waren geschlossen, aber die Hände bewegten sich unruhig auf der steifen Decke. Das Zimmer war sehr heiß, die Fenster hatte man geschlossen.

Der Junge ging ein paar Schritte auf das Bett zu, das Huhn krampfhaft vorhaltend, und sagte mit leiser Stimme mehrmals «Mylord». Er bekam keine Antwort. Der Kranke schien aber nicht zu schlafen, denn seine Lippen bewegten sich mitunter, als spreche er.

Der Junge beschloß, seine Aufmerksamkeit zu erregen, überzeugt von der Wichtigkeit weiterer Anweisungen in betreff des Experiments. Jedoch fühlte er sich, bevor er noch an der Decke zupfen konnte – das Huhn mußte er mit der Kiste, in die es gebettet war, auf einen Sessel legen –, von hinten gefaßt und zurückgerissen. Ein dicker Mensch mit grauem Gesicht blickte ihn an wie einen Mörder. Er riß sich geistesgegenwärtig los und, mit einem Satz die Kiste an sich bringend, fuhr er zur Tür hinaus.

Auf dem Korridor schien es ihm, als hätte der Unterbutler, der die Treppe heraufkam, ihn gesehen. Das war schlimm. Wie sollte er beweisen, daß er auf Befehl Mylords gekommen war, in Vollführung eines wichtigen Experiments? Der alte Mann war völlig in der Macht der Ärzte, die geschlossenen Fenster in seinem Zimmer zeigten das.

Tatsächlich sah er einen Diener über den Hof auf den Stall zugehen. Er verzichtete daher auf sein Abendbrot und verkroch sich, nachdem er das Huhn in den Keller gebracht hatte, im Futterraum.

Die Untersuchung, die über ihm schwebte, machte seinen Schlaf unruhig. Nur mit Zagen trat er am nächsten Morgen aus seinem Versteck.

Niemand kümmerte sich um ihn. Ein schreckliches Hin und Her herrschte auf dem Hof. Mylord war gegen Morgen zu gestorben.

Der Junge ging den ganzen Tag herum, wie von einem Schlag auf den Kopf betäubt. Er hatte das Gefühl, daß er den Verlust seines Lehrers überhaupt nicht verschmerzen könnte.

Als er am späten Nachmittag mit einer Schüssel voll Schnee in den Keller hinabstieg, verwandelte sich sein Kummer darüber in den Kummer um das nicht zu Ende geführte Experiment, und er vergoß Tränen über der Kiste. Was sollte aus der großen Entdeckung werden?

Auf den Hof zurückkehrend – seine Füße kamen ihm so schwer vor, daß er sich nach seinen Fußstapfen im Schnee umblickte, ob sie nicht tiefer als gewöhnlich seien –, stellte er fest, daß die Londoner Ärzte noch nicht abgefahren waren. Ihre Kutschen standen noch da.

Trotz seiner Abneigung beschloß er, ihnen die Entdeckung anzuvertrauen. Sie waren gelehrte Männer und mußten die Tragweite des Experiments erkennen. Er holte die kleine Kiste mit dem geeisten Huhn und stellte sich hinter dem Ziehbrunnen auf, sich verbergend, bis einer der Herren, ein kurzleibiger, nicht allzusehr Schrecken einflößender, vorbeikam. Hervortretend wies er ihm seine Kiste vor. Zunächst blieb ihm die Stimme im Hals stecken, aber dann gelang ihm doch, in abgerissenen Sätzen sein Anliegen vorzubringen.

«Mylord hat es vor sechs Tagen tot gefunden, Exzellenz. Wir haben es mit Schnee ausgestopft. Mylord meinte, es könnte frisch bleiben. Sehen Sie selbst! Es ist ganz frisch geblieben!»

Der Kurzleibige starrte verwundert in die Kiste.

«Und was weiter?» fragte er.

«Es ist nicht kaputt», sagte der Junge.

«So», sagte der Kurzleibige.

«Sehen Sie selber», sagte der Junge dringlich.

«Ich sehe», sagte der Kurzleibige und schüttelte den Kopf. Er ging kopfschüttelnd weiter.

Der Junge sah ihm entgeistert nach. Er konnte den Kurzleibigen nicht begreifen. Hatte nicht der alte Mann sich den Tod geholt dadurch, daß er in der Kälte ausgestiegen war und das Experiment vorgenommen hatte? Mit eigenen Händen hatte er den Schnee aufgenommen vom Boden. Das war eine Tatsache.

Er ging langsam zur Kellertür zurück, blieb aber kurz vor ihr stehen, wandte sich dann schnell um und lief in die Küche.

Er fand den Koch sehr beschäftigt, denn es wurden zum Abendessen Trauergäste aus der Umgebung erwartet.

«Was willst du mit dem Vogel?» knurrte der Koch ärgerlich. «Er ist ja ganz erfroren!»

«Das macht nichts», sagte der Junge. «Mylord sagte, das macht nichts.»

Der Koch starrte ihn einen Augenblick abwesend an, dann ging er gewichtig mit einer großen Pfanne in der Hand zur Tür, wohl um etwas wegzuwerfen.

Der Junge folgte ihm eifrig mit der Kiste.

«Kann man es nicht versuchen?» fragte er flehentlich.

Dem Koch riß die Geduld. Er griff mit seinen mächtigen Händen nach dem Huhn und schmiß es mit Schwung auf den Hof.

«Hast du nichts anderes im Kopf?» brüllte er außer sich. «Und Seine Lordschaft gestorben!»

Zornig hob der Junge das Huhn vom Boden auf und schlich damit weg.

Die beiden nächsten Tage waren mit den Begräbnisfeierlichkeiten angefüllt. Er hatte viel mit Ein- und Ausspannen der Pferde zu tun und schlief beinahe mit offenen Augen, wenn er nachts noch neuen Schnee in die Kiste tat. Es schien ihm alles hoffnungslos, das neue Zeitalter geendet.

Aber am dritten Tag, dem Tag des Begräbnisses, frisch gewaschen und in seinem besten Zeug, fühlte er seine Stimmung umgeschlagen. Es war schönes, heiteres Winterwetter, und vom Dorf her läuteten die Glocken.

Mit neuer Hoffnung erfüllt ging er in den Keller und betrachtete lang und sorgfältig das tote Huhn. Er konnte keine Spur von Fäulnis daran erblicken. Behutsam packte er das Tier in die Kiste, füllte sie mit reinem, weißem Schnee, nahm sie unter den Arm und machte sich auf den Weg ins Dorf.

Vergnügt pfeifend trat er in die niedere Küche seiner Großmutter. Sie hatte ihn aufgezogen, da seine Eltern früh gestorben waren, und besaß sein Vertrauen. Ohne zunächst den Inhalt der Kiste zu zeigen, berichtete er der alten Frau, die sich eben zum Begräbnis anzog, von Mylords Experiment.

Sie hörte ihn geduldig an.

«Aber das weiß man doch», sagte sie dann. «Sie werden steif in der Kälte und halten sich eine Weile. Was soll da Besonderes daran sein?»

«Ich glaube, man kann es noch essen», antwortete der Junge und bemühte sich, möglichst gleichgültig zu erscheinen.

«Ein seit einer Woche totes Huhn essen? Es ist doch giftig!»

«Warum? Wenn es sich nicht verändert hat, seit es gestorben ist? Und es ist von Mylords Kutscher getötet worden, war also gesund.»

«Aber inwendig, inwendig ist es verdorben!» sagte die Greisin, ein wenig ungeduldig werdend.

«Ich glaube nicht», sagte der Junge fest, seine klaren Augen auf dem Huhn. «Inwendig war die ganze Zeit der Schnee. Ich glaube, ich koche es.»

Die Alte wurde ärgerlich.

«Du kommst mit zum Begräbnis», sagte sie abschließend. «Seine Lordschaft hat genug für dich getan, denke ich, daß du ordentlich hinter seinem Sarg gehen kannst.»

Der Junge antwortete ihr nicht. Während sie sich das schwarze Wolltuch um den Kopf band, nahm er das Huhn aus dem Schnee, blies die letzten Spuren davon weg und legte es auf zwei Holzscheite vor dem Ofen. Es mußte auftauen.

Die Alte sah ihm nicht mehr zu. Als sie fertig war, nahm sie ihn bei der Hand und ging resolut mit ihm zur Tür hinaus.

Eine ziemliche Strecke ging er gehorsam mit. Es waren noch mehr Leute auf dem Weg zum Begräbnis. Männer und Frauen. Plötzlich stieß er einen Schmerzensruf aus. Sein einer Fuß steckte in einer Schneewehe. Er zog ihn mit verzerrtem Gesicht heraus, humpelte zu einem Feldstein und setzte sich nieder, sich den Fuß reibend.

«Ich habe ihn mir übertreten», sagte er.

Die Alte sah ihn mißtrauisch an.

«Du kannst gut laufen», sagte sie.

«Nein», sagte er mürrisch. «Aber wenn du mir nicht glaubst, kannst du dich ja zu mir setzen, bis es besser ist.»

Die Alte setzte sich wortlos neben ihn.

Eine Viertelstunde verging. Immer noch kamen Dorfbewohner vorbei, freilich immer weniger. Die Beiden hockten verstockt am Wegrain.

Dann sagte die Alte ernsthaft:

«Hat er dir nicht beigebracht, daß man nicht lügt?»

Der Junge gab ihr keine Antwort. Die Alte stand seufzend auf. Es wurde ihr zu kalt.

«Wenn du nicht in zehn Minuten nach bist», sagte sie, «sage ich es deinem Bruder, daß er dir den Hintern vollhaut.»

Und damit wackelte sie weiter, eilends, damit sie nicht die Grabrede versäume.

Der Junge wartete, bis sie weit genug weg war, und stand langsam auf. Er ging zurück, blickte sich aber noch oft um und hinkte auch noch eine Weile. Erst als ihn eine Hecke vor der Alten verbarg, ging er wieder wie gewöhnlich.

In der Hütte setzte er sich neben das Huhn, auf das er erwartungsvoll herabschaute. Er würde es in einem Topf mit Wasser kochen und einen Flügel essen. Dann würde er sehen, ob es giftig war oder nicht.

Er saß noch, als von fernher drei Kanonenschüsse hörbar wurden. Sie wurden abgefeuert zu Ehren von Francis Bacon, Baron von Verulam, Viscount St. Alben, ehemaligem Lordgroßkanzler von England, der nicht wenige seiner Zeitgenossen mit Abscheu erfüllt hatte, aber auch viele mit Begeisterung für die nützlichen Wissenschaften.

ULM
1592

«Bischof, ich kann fliegen»,
Sagte der Schneider zum Bischof.
«Paß auf, wie ich's mach'!»
Und er stieg mit so nen Dingen,
Die aussahn wie Schwingen
Auf das große, große Kirchendach.
Der Bischof ging weiter.
«Das sind lauter so Lügen,
Der Mensch ist kein Vogel,
Es wird nie ein Mensch fliegen»,
Sagte der Bischof vom Schneider.

«Der Schneider ist verschieden»,
Sagten die Leute dem Bischof.
«Es war eine Hatz.
Seine Flügel sind zerspellet,
Und er liegt zerschellet
Auf dem harten, harten Kirchenplatz.»
«Die Glocken sollen läuten,
Es waren nichts als Lügen,
Der Mensch ist kein Vogel,
Es wird nie ein Mensch fliegen»,
Sagte der Bischof den Leuten.

37

DER
MANTEL DES KETZERS

Giordano Bruno, der Mann aus Nola, den die römischen Inquisitionsbehörden im Jahre 1600 auf dem Scheiterhaufen wegen Ketzerei verbrennen ließen, gilt allgemein als ein großer Mann, nicht nur wegen seiner kühnen und seitdem als wahr erwiesenen Hypothesen über die Bewegungen der Gestirne, sondern auch wegen seiner mutigen Haltung gegenüber der Inquisition, der er sagte: «Ihr verkündet das Urteil gegen mich mit vielleicht größerer Furcht, als ich es anhöre.» Wenn man seine Schriften liest und dazu noch einen Blick in die Berichte von seinem öffentlichen Auftreten wirft, so fehlt einem tatsächlich nichts dazu, ihn einen großen Mann zu nennen. Und doch gibt es eine Geschichte, die unsere Achtung vor ihm vielleicht noch steigern kann. Es ist die Geschichte von seinem Mantel.

Man muß wissen, wie er in die Hände der Inquisition fiel.

Ein Venetianer Patrizier, ein gewisser Mocenigo, lud den Gelehrten in sein Haus ein, damit er ihn in der Physik und der Gedächtniskunst unterrichte. Er bewirtete ihn ein paar Monate lang und bekam als Entgelt den ausbedungenen Unterricht. Aber an Stelle einer Unterweisung in schwarzer Magie, die er erhofft hatte, erhielt er nur eine solche in Physik. Er war darüber sehr unzufrieden, da ihm dies ja nichts nutzte. Die Kosten, die ihm sein Gast verursachte, reuten ihn. Mehrmals ermahnte er ihn ernstlich, ihm endlich die geheimen und lukrativen Kenntnisse auszuliefern, die ein so berühmter Mann doch wohl besitzen mußte, und als das nichts half, denunzierte er ihn brieflich der Inquisition. Er schrieb, dieser schlechte und undankbare Mensch habe in seiner Gegenwart übel von Christus gesprochen, von den Mönchen gesagt, sie seien Esel und verdummten das Volk, und außerdem behauptet, es gebe, im Gegensatz zu dem, was in der Bibel stehe, nicht nur eine Sonne, sondern unzählige usw. usw. Er, Mocenigo, habe ihn deshalb in seiner Bodenkammer eingeschlossen und bitte, ihn schnellstens von Beamten abholen zu lassen.

Die Beamten kamen auch mitten in der Nacht von einem Sonntag auf einen Montag und holten den Gelehrten in den Kerker der Inquisition.

Das geschah am Montag, dem 25. Mai 1592, früh 3 Uhr, und von diesem Tag bis zu dem Tag, an dem er den Scheiterhaufen bestieg, dem 17. Februar 1600, kam der Nolaner nicht mehr aus dem Kerker heraus.

Während der acht Jahre, die der schreckliche Prozeß dauerte, kämpfte er ohne Ermattung um sein Leben, jedoch war der Kampf, den er im ersten Jahr in Venedig gegen seine Auslieferung nach Rom führte, vielleicht der verzweifeltste.

In diese Zeit fällt die Geschichte mit seinem Mantel.

Im Winter 1592 hatte er sich, damals noch in einem Hotel wohnend, von einem Schneider namens Gabriele Zunto einen dicken Mantel anmessen lassen. Als er verhaftet wurde, war das Kleidungsstück noch nicht bezahlt.

Auf die Kunde von der Verhaftung stürzte der Schneider zum Haus des Herrn Mocenigo in der Gegend von Sankt Samuel, um seine Rechnung vorzulegen. Es war zu spät. Ein Bedienter des Herrn Mocenigo wies ihm die Tür. «Wir haben für diesen Betrüger genug bezahlt», schrie er so laut auf der Schwelle, daß einige Passanten sich umschauten. «Vielleicht laufen Sie ins Tribunal des Heiligen Offiziums und sagen dort, daß Sie mit diesem Ketzer zu tun haben.»

Der Schneider stand erschrocken auf der Straße. Ein Haufen von Gassenjungen hatte alles mit angehört, und einer von ihnen, ein pustelnübersäter, zerlumpter Knirps, warf einen Stein nach ihm. Es kam zwar eine ärmlich gekleidete Frau aus einer Tür und gab ihm eine Ohrfeige, aber Zunto, ein alter Mann, fühlte deutlich, daß es gefährlich sei, einer zu sein, der «mit diesem Ketzer etwas zu tun hatte». Er lief, sich scheu umsehend, um die Ecke und auf einem großen Umweg nach Hause. Seiner Frau erzählte er nichts von seinem Unglück, und sie wunderte sich eine Woche lang über sein niedergedrücktes Wesen.

Aber am ersten Juni entdeckte sie beim Ausschreiben der Rechnungen, daß da ein Mantel nicht bezahlt war von einem Mann, dessen Namen auf aller Lippen war, denn der Nolaner war das Stadtgespräch. Die fürchterlichsten Gerüchte über seine Schlechtigkeit liefen um. Er hatte nicht nur die Ehe in den Kot gezogen sowohl in Büchern als auch in Gesprächen, sondern auch Christus selber einen Scharlatan geheißen und die verrücktesten Sachen über die Sonne gesagt. Es paßte sehr gut dazu, daß er seinen Mantel nicht bezahlt hatte. Die gute Frau hatte nicht die geringste Lust, diesen Verlust zu tragen. Nach einem heftigen Zank mit ihrem Mann ging die Siebzigjährige in ihren Sonntagskleidern in das Gebäude des Heiligen Offiziums und verlangte mit bösem Gesicht die zweiunddreißig Skudi, die ihr der verhaftete Ketzer schuldete.

Der Beamte, mit dem sie sprach, schrieb ihre Forderung nieder und versprach, der Sache nachzugehen.

Zunto erhielt denn auch bald eine Vorladung, und zitternd und schlotternd meldete er sich in dem gefürchteten Gebäude. Zu seinem Erstaunen wurde er nicht ins Verhör genommen, sondern nur verständigt, daß bei der Regelung der finanziellen Angelegenheiten des Verhafteten seine Forderung berücksichtigt werden sollte. Allerdings deutete der Beamte an, viel werde dabei nicht herauskommen.

Der alte Mann war so froh, so billig wegzukommen, daß er sich untertänig bedankte. Aber seine Frau war nicht zufriedengestellt. Es genügte, den Verlust wiedergutzumachen, nicht, daß ihr Mann auf seinen abendlichen Schoppen verzichtete und bis in die Nacht hinein nähte. Da waren Schulden beim Stoffhändler, die bezahlt werden mußten. Sie schrie in der Küche und auf dem Hof herum, daß es eine Schande sei, einen Verbrecher in Gewahrsam zu nehmen, bevor er seine Schulden bezahlt habe. Sie werde, wenn nötig, bis zum Heiligen Vater nach Rom gehen, um ihre zweiunddreißig Skudi zu bekommen. «Er braucht keinen Mantel auf dem Scheiterhaufen», schrie sie.

Sie erzählte, was ihnen passiert war, ihrem Beichtvater. Er riet ihr, zu verlangen, daß ihnen wenigstens der Mantel herausgegeben würde. Sie sah darin ein Eingeständnis von seiten einer kirchlichen Instanz, daß sie einen Anspruch hatte, und erklärte, mit dem Mantel, der sicher schon getragen und außerdem auf Maß gearbeitet sei, keineswegs zufrieden zu sein. Sie müsse das Geld bekommen. Da sie dabei ein wenig laut wurde in ihrem Eifer, warf der Pater sie hinaus. Das brachte sie ein wenig zu Verstand, und einige Wochen verhielt sie sich ruhig. Aus dem Gebäude der Inquisition verlautete nichts mehr über den Fall des verhafteten Ketzers. Jedoch flüsterte man sich überall zu, daß die Verhöre ungeheuerliche Schandtaten zutage förderten. Die Alte horchte gierig herum nach all diesem Tratsch. Es war eine Tortur für sie, zu hören, daß die Sache des Ketzers so schlecht stand. Er würde nie mehr freikommen und seine Schulden bezahlen können. Sie schlief keine Nacht mehr, und im August, als die Hitze ihre Nerven vollends ruinierte, fing sie an, in den Geschäften, wo sie einkaufte, und den Kunden gegenüber, die zum Anprobieren kamen, ihre Beschwerde mit großer Zungengeläufigkeit vorzubringen. Sie deutete an, daß die Patres eine Sünde begingen, wenn sie die berechtigten Forderungen eines kleinen Handwerkers so gleichgültig abtaten. Die Steuern waren drückend, und das Brot hatte erst kürzlich wieder aufgeschlagen.

Eines Vormittags holte ein Beamter sie in das Gebäude des Heiligen Offiziums, und dort verwarnte man sie eindringlich, ihr böses Geschwätz aufzugeben. Man fragte sie, ob sie sich nicht schäme, wegen einiger Skudi ein sehr ernstes geistliches Verfahren im Mund herumzuziehen. Man gab ihr zu verstehen, daß man gegen Leute ihres Schlages allerlei Mittel besäße.

Eine Zeitlang half das, wenn ihr auch bei dem Gedanken an die Redensart «wegen einiger Skudi» im Maul eines herausgefressenen Bruders jedesmal die Zornröte ins Gesicht stieg. Aber im September hieß es, der Großinquisitor in Rom habe die Auslieferung des Nolaners verlangt. Man verhandle in der Signoria darüber.

Die Bürgerschaft besprach lebhaft dieses Auslieferungsgesuch, und die Stimmung war im allgemeinen dagegen. Die Zünfte wollten keine römischen Gerichte über sich wissen.

Die Alte war außer sich. Wollte man den Ketzer jetzt wirklich nach Rom gehen lassen, ohne daß er seine Schulden beglichen hatte? Das war der Gipfel. Sie hatte die unglaubliche Nachricht kaum gehört, als sie schon, ohne sich auch nur die Zeit zu nehmen, einen besseren Rock umzulegen, in das Gebäude des Heiligen Offiziums lief.

Sie wurde diesmal von einem höheren Beamten empfangen, und dieser war merkwürdigerweise weit entgegenkommender zu ihr, als die vorigen Beamten gewesen waren. Er war beinahe so alt wie sie selber und hörte ihre Klage ruhig und aufmerksam an. Als sie fertig war, fragte er sie nach einer kleinen Pause, ob sie den Bruno sprechen wolle.

Sie stimmte sofort zu. Man beraumte eine Zusammenkunft für den nächsten Tag an.

An diesem Vormittag trat ihr in einem winzigen Zimmer mit vergitterten Fenstern ein kleiner, magerer Mann mit schwachem dunklem Bart entgegen und fragte sie höflich nach ihrem Begehren.

Sie hatte ihn seinerzeit beim Anmessen gesehen und all die Zeit über sein Gesicht gut in Erinnerung gehabt, erkannte ihn aber jetzt nicht sogleich. Die Aufregungen der Verhöre mußten ihn verändert haben.

Sie sagte hastig: «Der Mantel. Sie haben ihn nicht bezahlt.»

Er sah sie einige Sekunden erstaunt an. Dann entsann er sich, und mit leiser Stimme fragte er: «Was bin ich Ihnen schuldig?»

«Zweiunddreißig Skudi», sagte sie, «Sie haben doch die Rechnung bekommen.»

Er drehte sich zu dem großen, dicken Beamten um, der die Unterredung überwachte, und fragte ihn, ob er wisse, wieviel Geld zusammen mit seinen Habseligkeiten im Gebäude des Heiligen Offiziums abgegeben worden sei. Der Mann wußte es nicht, versprach jedoch, es festzustellen.

«Wie geht es Ihrem Mann?» fragte der Gefangene, sich wieder zu der Alten wendend, als sei damit die Angelegenheit in Fluß gebracht, so daß normale Beziehungen hergestellt und die Umstände eines gewöhnlichen Besuchs gegeben waren.

Und die Alte, von der Freundlichkeit des kleinen Mannes verwirrt, murmelte, es gehe ihm gut, und fügte sogar noch etwas von seinem Rheuma hinzu.

Sie ging auch erst zwei Tage später wieder in das Gebäude des Heiligen Offiziums, da es ihr schicklich erschien, dem Herrn Zeit zu seinen Erkundigungen zu lassen.

Tatsächlich erhielt sie die Erlaubnis, ihn noch einmal zu sprechen.

Sie mußte in dem winzigen Zimmer mit dem vergitterten Fenster freilich mehr als eine Stunde warten, weil er beim Verhör war.

Er kam und schien sehr erschöpft. Da kein Stuhl vorhanden war, lehnte er sich ein wenig an der Wand an. Jedoch sprach er sofort zur Sache.

Er sagte ihr mit sehr schwacher Stimme, daß er leider nicht imstande sei, den Mantel zu bezahlen. Bei seinen Habseligkeiten habe sich kein Geld vorgefunden. Dennoch brauche sie noch nicht alle Hoffnung aufzugeben. Er habe nachgedacht und sich erinnert, daß für ihn bei einem Mann, der in der Stadt Frankfurt Bücher von ihm gedruckt habe, noch Geld liegen müsse. An den wolle er schreiben, wenn man es ihm gestattete. Um die Erlaubnis wolle er schon morgen nachsuchen. Heute sei es ihm beim Verhör vorgekommen, als ob keine besonders gute Stimmung herrsche. Da habe er nicht fragen und womöglich alles verderben wollen.

Die Alte sah ihn mit ihren scharfen Augen durchdringend an, während er sprach. Sie kannte die Ausflüchte und Vertröstungen säumiger Schuldner. Sie kümmerten sich den Teufel um ihre Verpflichtungen, und wenn man ihnen auf den Leib rückte, taten sie, als setzten sie Himmel und Hölle in Bewegung.

«Wozu brauchten Sie einen Mantel, wenn Sie kein Geld hatten, ihn zu bezahlen?» fragte sie hart.

Der Gefangene nickte, um ihr zu zeigen, daß er ihrem Gedankengang folge. Er antwortete:

«Ich habe immer verdient, mit Büchern und mit Lehren. So dachte ich, ich verdiene auch jetzt. Und den Mantel glaubte ich zu brauchen, weil ich glaubte, ich würde noch im Freien herumgehen.»

Das sagte er ohne jede Bitterkeit, sichtlich nur, um ihr die Antwort nicht schuldig zu bleiben.

Die Alte musterte ihn wieder von oben bis unten, voll Zorn, aber mit dem Gefühl, nicht an ihn heranzukommen, und ohne noch ein Wort zu sagen, wandte sie sich um und lief aus dem Zimmer.

«Wer wird einem Menschen, dem die Inquisition den Prozeß macht, noch Geld schicken?» äußerte sie böse zu ihrem Mann hin, als sie an diesem Abend im Bett lagen. Er war jetzt beruhigt über die Stellung der geistlichen Behörden zu ihm, mißbilligte aber doch die unermüdlichen Versuche seiner Frau, das Geld einzutreiben.

«Er hat wohl jetzt an anderes zu denken», brummte er.

Sie sagte nichts mehr.

Die nächsten Monate vergingen, ohne daß in der leidigen Angelegenheit irgend etwas Neues geschah. Anfangs Januar hieß es, die Signoria trage sich mit dem Gedanken, dem Wunsch des Papstes nachzukommen und den Ketzer auszuliefern. Und dann kam eine neue Vorladung für die Zuntos in das Gebäude des Heiligen Offiziums.

Es war keine bestimmte Stunde genannt, und Frau Zunto ging an einem Nachmittag hin. Sie kam ungelegen. Der Gefangene erwartete den Besuch des Prokurators der Republik, der von der Signoria aufgefordert worden war, ein Gutachten über die Frage der Auslieferung auszuarbeiten. Sie wurde von dem höheren Beamten empfangen, der ihr einmal die erste Unterredung mit dem Nolaner verschafft hatte, und der Greis sagte ihr, der Gefangene habe gewünscht, sie zu sprechen, sie solle aber überlegen, ob der Zeitpunkt günstig gewählt sei, da der Gefangene unmittelbar vor einer für ihn hochwichtigen Konferenz stehe.

Sie sagte kurz, man brauche ihn ja nur zu fragen.

Ein Beamter ging weg und kehrte mit dem Gefangenen zurück. Die Unterredung fand in Anwesenheit des höheren Beamten statt.

Bevor der Nolaner, der sie schon unter der Tür anlächelte, etwas sagen konnte, stieß die Alte hervor:

«Warum führen Sie sich dann so auf, wenn Sie im Freien herumgehen wollen?»

Einen Augenblick schien der kleine Mann verdutzt. Er hatte dieses Vierteljahr sehr viele Fragen beantwortet und den Abschluß seiner letzten Unterredung mit der Frau des Schneiders kaum im Gedächtnis behalten.

«Es ist kein Geld für mich gekommen», sagte er schließlich, «ich habe zweimal darum geschrieben, aber es ist nicht gekommen. Ich habe mir gedacht, ob ihr den Mantel zurücknehmen werdet.»

«Ich wußte ja, daß es dazu kommen würde», sagte sie verächtlich.

«Und er ist nach Maß gearbeitet und zu klein für die meisten.»

Der Nolaner sah gepeinigt auf die alte Frau.

«Das habe ich nicht bedacht», sagte er und wandte sich an den Geistlichen.

«Könnte man nicht alle meine Habseligkeiten verkaufen und das Geld diesen Leuten aushändigen?»

«Das wird nicht möglich sein», mischte sich der Beamte, der ihn geholt hatte, der große Dicke, in das Gespräch. «Darauf erhebt Herr Mocenigo Anspruch. Sie haben lange auf seine Kosten gelebt.»

«Er hat mich eingeladen», erwiderte der Nolaner müde.

Der Greis hob seine Hand.

«Das gehört wirklich nicht hierher. Ich denke, daß der Mantel zurückgegeben werden soll.»

«Was sollen wir mit ihm anfangen?» sagte die Alte störrisch.

Der Greis wurde ein wenig rot im Gesicht. Er sagte langsam:

«Liebe Frau, ein wenig christliche Nachsicht würde Ihnen nicht schlecht anstehen. Der Angeklagte steht vor einer Unterredung, die für ihn Leben oder Tod bedeuten kann. Sie können kaum verlangen, daß er sich allzusehr für Ihren Mantel interessiert.»

Die Alte sah ihn unsicher an. Sie erinnerte sich plötzlich, wo sie stand. Sie erwog, ob sie nicht gehen sollte, da hörte sie hinter sich den Gefangenen mit leiser Stimme sagen:

«Ich meine, daß sie es verlangen kann.»

Und als sie sich zu ihm umwandte, sagte er noch: «Sie müssen das alles entschuldigen. Denken Sie auf keinen Fall, daß mir Ihr Verlust gleichgültig ist. Ich werde eine Eingabe in der Sache machen.»

Der große Dicke war auf einen Wink des Greises aus dem Zimmer gegangen. Jetzt kehrte er zurück, breitete die Arme aus und sagte: «Der Mantel ist überhaupt nicht mit eingeliefert worden. Der Mocenigo muß ihn zurückbehalten haben.»

Der Nolaner erschrak deutlich. Dann sagte er fest:

«Das ist nicht recht. Ich werde ihn verklagen.»

Der Greis schüttelte den Kopf.

«Beschäftigen Sie sich lieber mit dem Gespräch, das Sie in ein paar Minuten zu führen haben werden. Ich kann es nicht länger zulassen, daß hier wegen ein paar Skudi herumgestritten wird.»

Der Alten stieg das Blut in den Kopf. Sie hatte, während der Nolaner sprach, geschwiegen und maulend in eine Ecke des Zimmers geschaut. Aber jetzt riß ihr wieder die Geduld.

«Paar Skudi!» schrie sie. «Das ist ein Monatsverdienst! Sie können leicht Nachsicht üben. Sie trifft kein Verlust!»

In diesem Augenblick trat ein hochgewachsener Mönch in die Tür.

«Der Prokurator ist gekommen», sagte er halblaut, verwundert auf die schreiende alte Frau schauend.

Der große Dicke faßte den Nolaner am Ärmel und führte ihn hinaus. Der Gefangene blickte über die schmale Schulter zurück auf die Frau, bis er über die Schwelle geführt wurde. Sein mageres Gesicht war sehr blaß.

Die Alte ging verstört die Steintreppe des Gebäudes hinunter. Sie wußte nicht, was sie denken sollte. Schließlich tat der Mann, was er konnte.

Sie ging nicht in die Werkstätte, als eine Woche später der große Dicke den Mantel brachte. Aber sie horchte an der Tür, und da hörte sie den Beamten sagen: «Er hat tatsächlich noch die ganzen letzten Tage sich um den Mantel gekümmert. Zweimal machte er eine Eingabe, zwischen den Verhören und den Unterredungen mit den Stadtbehörden, und mehrere Male verlangte er eine Unterredung in dieser Sache mit dem Nuntius. Er hat es durchgesetzt. Der Mocenigo mußte den Mantel herausgeben. Übrigens hätte er ihn jetzt gut brauchen können, denn er wird ausgeliefert und soll noch diese Woche nach Rom abgehen.»

Das stimmte. Es war Ende Januar.

KINDER-
KREUZZUG
1939

―――――――

In Polen, im Jahr Neununddreißig
war eine blutige Schlacht,
die hat viele Städte und Dörfer
zu einer Wildnis gemacht.

Die Schwester verlor den Bruder,
die Frau den Mann im Heer,
zwischen Feuer und Trümmerstätte
fand das Kind die Eltern nicht mehr.

Aus Polen ist nichts mehr gekommen,
nicht Brief noch Zeitungsbericht,
doch in den östlichen Ländern
läuft eine seltsame Geschicht.

Schnee fiel, als man sich's erzählte
in einer östlichen Stadt
von einem Kinderkreuzzug,
der in Polen begonnen hat.

Da trippelten Kinder hungernd
in Trüpplein hinab die Chausseen,
und nahmen mit sich andere, die
in zerschossenen Dörfern stehn.

Sie wollten entrinnen den Schlachten,
dem ganzen Nachtmahr
und eines Tages kommen
in ein Land, wo Frieden war.

Da war ein kleiner Führer,
der hat sie aufgericht'.
Er hatte eine große Sorge:
den Weg, den wußte er nicht.

Eine Elfjährige schleppte
ein Kind von vier Jahr,
hatte alles für eine Mutter,
nur nicht ein Land, wo Frieden war.

Ein kleiner Jude marschierte im Trupp
mit einem samtenen Kragen,
der war das weißeste Brot gewohnt
und hat sich gut geschlagen.

Und zwei Brüder kamen mit,
die waren große Strategen,
stürmten eine leere Bauernhütt'
und räumten sie nur vor dem Regen.

Und ging ein dünner Grauer mit,
hielt sich abseits in der Landschaft
und trug an einer schrecklichen Schuld,
er kam aus einer Nazigesandtschaft.

Da war unter ihnen ein Musiker,
der fand eine Trommel in einem zerschossenen
    Dorfladen
und durfte sie nicht schlagen,
das hätt' sie verraten.

Und da war ein Hund,
gefangen zum Schlachten,
mitgenommen als Esser,
weil sie's nicht übers Herz brachten.

Da war auch eine Schule
und ein kleiner Lehrer, der schrie,
und ein Schüler an einer zerschossenen Tankwand
lernte schreiben bis zu Frie ...

Da war auch ein Konzert:
an einem lauten Winterbach
durft' einer die Trommel schlagen,
da wurd' er nicht vernommen, ach.

Da war auch eine Liebe.
Sie war zwölf, er war fünfzehn Jahr.
In einem verschlossenen Hofe
kämmte sie ihm sein Haar.

Die Liebe konnt' nicht bestehen,
es kam zu große Kält':
wie sollen die Bäumchen blühen,
wenn so viel Schnee drauf fällt?

Da war auch ein Krieg,
denn es gab noch eine andre Schar,
und der Krieg ging nur zu Ende,
weil er sinnlos war.

Doch als der Krieg noch raste
um ein zerschossenes Bahnwärterhaus,
da ging, wie es heißt, der einen Partei
plötzlich das Essen aus.

Und als die andre Partei das erfuhr,
da schickte sie aus einen Mann
mit einem Sack Kartoffeln, weil
man ohne Essen nicht kämpfen kann.

Da war auch ein Gericht
und brannten zwei Kerzen lichter,

und war ein peinliches Verhör.
Verurteilt wurde der Richter.

Da war auch ein Begräbnis
eines Jungen mit samtenem Kragen,
der wurde von zwei Deutschen
und zwei Polen zu Grabe getragen.

Protestant, Katholik und Nazi war da,
ihn der Erde einzuhändigen,
und zum Schluß sprach ein kleiner Sozialist
von der Zukunft der Lebendigen.

So gab es Glaube und Hoffnung,
nur nicht Fleisch und Brot,
und keiner schelt sie mir, wenn sie was stahl'n,
der ihnen nicht Obdach bot.

Und keiner schelt mir den armen Mann,
der sie nicht zu Tische lud:
für ein halbes Hundert, da handelt es sich
um Mehl, nicht um Opfermut.

Sie zogen vornehmlich nach Süden.
Süden ist, wo die Sonn'
mittags um zwölf Uhr steht,
gradaus davon.

Sie fanden zwar einen Soldaten
verwundet im Tannengries.
Sie pflegten ihn sieben Tage,
damit er den Weg ihnen wies.

Er sagte ihnen: Nach Bilgoray!
Muß stark gefiebert haben
und starb ihnen weg am achten Tag.
Sie haben auch ihn begraben.

Und da gab es ja Wegweiser,
wenn auch vom Schnee verweht,
nur zeigten sie nicht mehr die Richtung an,
sondern waren umgedreht.

Das war nicht etwa ein schlechter Spaß,
sondern aus militärischen Gründen,
und als sie suchten Bilgoray,
konnten sie es nicht finden.

Sie standen um ihren Führer,
der sah in die Schneeluft hinein
und deutete mit der kleinen Hand
und sagte: Es muß dort sein.

Einmal, nachts, sahen sie ein Feuer,
da gingen sie nicht hin.
Einmal rollten drei Tanks vorbei,
da waren Menschen drin.

Einmal kamen sie an eine Stadt,
da machten sie einen Bogen.
Bis sie daran vorüber waren,
sind sie nur nachts weitergezogen.

Wo einst das südöstliche Polen war,
bei starkem Schneewehn
hat man die fünfundfünfzig
zuletzt gesehn.

Wenn ich die Augen schließe,
seh' ich sie wandern
von einem zerschossenen Bauerngehöft
zu einem zerschossenen andern.

Über ihnen in den Wolken oben,
seh' ich andre Züge, neue, große!

Mühsam wandernd gegen kalte Winde
Heimatlose, Richtungslose.

Suchend nach dem Land mit Frieden,
ohne Donner, ohne Feuer,
nicht wie das, aus dem sie kommen,
und der Zug wird ungeheuer.

Und er scheint mir durch den Dämmer
bald schon gar nicht mehr derselbe:
andere Gesichtlein sah ich,
spanische, französische, gelbe!

In Polen, in jenem Januar,
wurde ein Hund gefangen,
der hatte um seinen mageren Hals
eine Tafel aus Pappe hangen.

Darauf stand: Bitte um Hilfe!
Wir wissen den Weg nicht mehr.
Wir sind fünfundfünfzig.
Der Hund führt euch her.

Wenn ihr nicht kommen könnt,
jagt ihn weg.
Schießt nicht auf ihn,
nur er weiß den Fleck.

Die Schrift war eine Kinderhand.
Bauern haben sie gelesen.
Seitdem sind eineinhalb Jahre um.
Der Hund ist verhungert gewesen.

CÄSAR

UND SEIN LEGIONÄR

1

Cäsar

Seit Anfang März wußte der Diktator, daß die Tage der Diktatur gezählt waren.

Ein Fremder, aus einer der Provinzen kommend, hätte die Hauptstadt vielleicht imposanter denn je gefunden. Die Stadt war außerordentlich gewachsen; ein buntes Gemisch von Völkern füllte die platzenden Quartiere; mächtige Regierungsbauten standen vor der Vollendung; die City brodelte von Projekten; das Geschäftsleben zeigte normale Züge; Sklaven waren billig.

Das Regime schien befestigt. Der Diktator war eben zum Diktator auf Lebenszeit ernannt worden und bereitete nunmehr *das größte seiner Unternehmen* vor, die Eroberung des Ostens, den lange erwarteten persischen Feldzug, einen wahren zweiten Alexanderzug.

Cäsar wußte, daß er den Monat nicht überleben würde. Er stand auf dem Gipfel seiner Macht. Vor ihm lag also der Abgrund.

Die große Senatssitzung am 13. März, in der der Diktator in einer Rede gegen die «drohende Haltung der persischen Regierung» Stellung nahm und Mitteilung davon machte, daß er in Alexandria, der Hauptstadt Ägyptens, ein Heer zusammengezogen hatte, enthüllte eine merkwürdig indifferente, ja kühle Haltung des Senats. Während der Rede kursierte unter den Senatoren eine ominöse Liste der Summen, welche der Diktator unter falschem Namen in spanischen Banken deponiert hatte: *Der Diktator verschiebt sein Privatvermögen (110 Millionen) ins Ausland!* Glaubte er nicht an seinen Krieg? Oder beabsichtigte er überhaupt nicht einen Krieg gegen Persien, sondern einen Krieg gegen Rom?

Der Senat bewilligte die Kriegskredite, einstimmig, wie gewöhnlich.

Im Palais der Kleopatra, dem Zentrum aller Intrigen, den Osten betreffend, sind führende Militärs versammelt. Die ägyptische Königin ist die eigentliche Inspiratorin des persischen Krieges. Brutus und Cassius sowie andere junge Offiziere gratulieren ihr zum Triumph der Kriegspolitik im Senat. Ihr Einfall, die ominöse Liste kursieren zu lassen, wird gebührend bewundert und belacht. Der Diktator wird sich wundern, wenn er versuchen wird, die bewilligten Kredite in der City aufzunehmen ...

Tatsächlich hat Cäsar, dem die Kälte des Senats bei aller Willfährigkeit nicht entgangen ist, Gelegenheit, auch bei der City eine höchst irritierende Haltung festzustellen. In der Handelskammer führt er die Finanzleute vor eine riesige Landkarte, aufgehängt an der Wand, und erläutert ihnen seine Feldzugspläne für Persien und Indien. Die Herren nicken, beginnen aber dann von Gallien zu sprechen, das seit Jahren erobert ist, in dem aber schon wieder blutige Aufstände ausgebrochen sind. Die «Neue Ordnung» funktioniert nicht. Ein Vorschlag kommt: Könnte man den neuen Krieg nicht lieber erst im Herbst beginnen? Cäsar antwortet nicht, geht brüsk hinaus. Die Herren erheben die Hände zum römischen Gruß. Jemand murmelt: «Keine Nerven mehr, der Mann.»

Wollen sie plötzlich keinen Krieg mehr?

Anfragen ergeben eine verblüffende Tatsache: Die Rüstungsbetriebe bereiten fieberhaft den Krieg vor; ihre Aktien gehen sprunghaft in die Höhe; auch die Sklavenpreise ziehen an ... Was bedeutet das? Sie wollen den Krieg des Diktators und verweigern ihm das Geld dafür?

Gegen Abend weiß Cäsar, was es bedeutet: *Sie wollen den Krieg, aber nicht mit ihm.*

Er gibt den Befehl, fünf Bankiers zu verhaften, jedoch ist er tief erschüttert, einem Nervenzusammenbruch nahe, zum Erstaunen seines Adjutanten, der ihn inmitten blutiger Schlachten vollständig ruhig gesehen hat. Er beruhigt sich etwas, als Brutus kommt, den er sehr liebt. Immerhin fühlt er sich nicht stark genug, ein Dossier einzusehen, das ihm sein Gewährsmann in der City geschickt hat. Es enthält Namen von Verschworenen, darunter den des Brutus.

Sie bereiten einen Anschlag auf sein Leben vor. Die Furcht, in dem dicken Dossier («Es ist so sehr dick, schrecklich dick») auch vertraute Namen zu finden, hält den Diktator ab, es zu öffnen. Brutus benötigt ein Glas Wasser, als Cäsar es endlich ungeöffnet seinem Sekretär zurückgibt – zu späterer Lektüre.

Größte Bestürzung bricht im Palais der Kleopatra aus, als Brutus bleich und verstört berichtet, daß ein Dossier über das Komplott existiert. Jeden Augenblick kann Cäsar es lesen. Kleopatra beruhigt mit Mühe die Anwesenden, an ihre Soldatenehre appellierend, und gibt selber den Befehl zu packen.

Bei Cäsar ist inzwischen der Polizeiädil zum Vortrag erschienen. Er ist der dritte in diesem Jahr, das erst zwei Monate lang ist, die zwei Vorgänger sind als in Komplotte verwickelt abgesetzt worden. Der Ädil garantiert die persönliche Sicherheit des Diktators – trotz der Aufregung, die in der City über die Verhaftung der Bankiers entstanden ist, für die sich übrigens einflußreiche Kreise verwenden... Der persische Krieg, von dessen baldiger Einleitung der Ädil überzeugt zu sein scheint, wird seiner Ansicht nach die Opposition zum Verstummen bringen. Während er die umfangreichen Schutzmaßnahmen auseinandersetzt, die er für nötig hält, sieht Cäsar durch ihn hindurch wie in einer Vision, wie er sterben wird; denn er wird sterben.

Er wird sich zum Porticus des Pompejus tragen lassen, dort aussteigen, Bittsteller abfertigen, in den Tempel gehen, den oder jenen der Senatoren mit einem Blick suchen und begrüßen, sich auf einen Stuhl setzen. Einige Zeremonien werden abgewickelt werden, er sieht sie vor sich. Dann werden die Verschworenen – in Cäsars Vision haben sie keine Gesichter, nur weiße Flecken, wo die Gesichter sitzen müßten – auf ihn zutreten, unter einem Vorwand. Jemand wird ihm was zu lesen geben, er wird danach greifen, sie werden über ihn herfallen, *er wird sterben*.

Nein, es wird für ihn keinen Krieg im Osten mehr geben. Das größte aller seiner Unternehmen wird nicht mehr stattfinden: *Es hat darin bestanden, lebend auf ein Schiff zu kommen*, das ihn zu seinen Truppen nach Alexandria führen könnte, zu dem einzigen Ort, wo er vielleicht sicher wäre.

Wenn die Wachen spät abends einige Herren in die Gemächer des

Diktators gehen sehen, denken sie immer noch, es seien Generäle und Feldinspektoren, die den persischen Krieg besprechen wollen. Aber es sind nur Ärzte, der Diktator braucht ein Schlafmittel.

Der nächste Tag, es ist der 14. März, verläuft wirr und peinvoll. Bei dem morgendlichen Ritt in der Reitschule hat Cäsar einen großen Einfall. Senat und City sind gegen ihn, was weiter? *Er wird sich an das Volk wenden!*

War er nicht einmal der große Volkstribun, die weise Hoffnung der Demokratie? Da gab es doch ein riesiges Programm, mit dem er den Senat zu Tode erschreckte, Aufteilung der Landgüter, Siedlungen für die Armen.

Die Diktatur? Keine Diktatur mehr! Der große Cäsar wird abdanken, sich ins Privatleben zurückziehen, zum Beispiel nach Spanien...

Ein müder Mann hat das Pferd bestiegen, sich willenlos im Kreis der Reitschule herumtragen lassen, dann hat sich seine Haltung (bei bestimmten Gedanken – an das Volk) gestrafft, er hat die Zügel angezogen, das Pferd herangenommen, es in Schweiß geritten; ein erfrischter, neuer Mann verläßt die Reitschule.

Nicht viele von denen, die das große Spiel spielen, fühlen heute morgen so zuversichtlich wie Cäsar ... Die Verschworenen erwarten die Verhaftung, Brutus stellt Wachen in seinen Gärten aus, an verschiedenen Punkten stehen Pferde bereit. In manchen Häusern werden Papyri verbrannt. In ihrem Palais am Tiber bereitet sich Kleopatra auf den Tag des Todes vor. Cäsar muß das Dossier jetzt längst gelesen haben. Sie macht sorgfältig Toilette, läßt ihre Sklaven frei, verteilt Präsente. Die Schergen müssen bald kommen.

Die Opposition hat gestern zugeschlagen. Heut muß der Gegenschlag des Regimes erfolgen.

Beim Lever des Diktators zeigt es sich, wie der Gegenschlag aussehen wird.

In Gegenwart mehrerer Senatoren spricht Cäsar von seinem neuen Plan. Er wird Wahlen ausschreiben, abdanken. Seine Parole: *gegen den Krieg!* Der römische Bürger wird italischen Boden erobern, nicht persischen. Denn wie lebt der römische Bürger, der Beherrscher der Welt? Cäsar beschreibt es.

Steinerne Gesichter nehmen die furchtbare Beschreibung der Not des gemeinen römischen Bürgers entgegen. Der Diktator hat die Maske fallenlassen; er will den Mob aufwiegeln. Eine halbe Stunde später wird es die ganze City wissen. Die Feindschaften zwischen City und Senat, zwischen den Bankiers und den Offizieren werden verschwinden, alle werden sich in einem einig sein: Weg mit Cäsar!

Cäsar weiß, daß er mit seiner Rede einen Fehler begangen hat, bevor sie zu Ende ist. Er hätte natürlich nicht zu offen sein dürfen. Er wechselt abrupt das Thema und versucht es mit seinem altbewährten Charme. Seine Freunde werden nichts zu fürchten haben. Ihre Landgüter sind sicher. Man wird den Pächtern helfen, zu Land zu kommen, aber das wird der Staat machen, aus Staatsmitteln. Man wird einen schönen Sommer bekommen, sie werden seine Gäste in Bajä sein.

Wenn sie sich für die Einladung bedankt haben und gegangen sind, ordnet Cäsar die Entlassung und Verhaftung des Polizeiädilen an, der die verhafteten Bankiers schon am gestrigen Abend wieder freigelassen hat. Dann schickt er seinen Sekretär aus, die Stimmung in den demokratischen Kreisen zu sondieren. Jetzt kommt alles auf die Haltung des Volkes an.

Die demokratischen Kreise, das sind die Politiker der längst aufgelösten Handwerkerklubs, die in der großen Zeit der Republik die Hauptrolle bei den Wahlen gespielt haben. Cäsars Diktatur hat diesen Apparat, einst mächtig, zerbrochen und aus einem Teil der Klubmitglieder eine Zivilgarde gebildet, die sogenannten Straßenklubs. Auch sie sind aufgelöst worden. Aber jetzt sucht der Sekretär Titus Rarus die plebejischen Politiker auf, um ihre Stimmung zu sondieren.

Er spricht mit einem früheren Obmann der Tünchergilde, dann mit einem früheren Wahleinpeitscher, der Kneipenwirt ist. Die beiden Männer zeigen sich ungeheuer vorsichtig, abgeneigt, über Politik zu reden. Sie verweisen auf den alten Carpo, den früheren Führer der Bauarbeiter, einen Mann, der am meisten Einfluß haben muß, *da er im Gefängnis sitzt*. Inzwischen hat Cäsar großen Besuch bekommen: Kleopatra. Die Königin hat die Spannung nicht mehr ausgehalten. Sie muß wissen, wie es um sie steht. Sie ist aufgemacht für den Tod, alle Künste Ägyptens sind aufgeboten worden, ihre Schönheit, berühmt in drei Kontinenten, zu mobilisieren. Der Diktator scheint Zeit zu haben. Er ist zu ihr, wie immer in den letzten Jahren, von ausgesuchter Höflichkeit, bereit, jederzeit einen Rat zu geben, hin und wieder andeutend, daß er auf der Stelle wieder ihr Liebhaber sein könnte, falls sie das wünschen sollte, unerreichter Kenner weiblicher Schönheit, der er ist. Aber kein Wort von Politik. Sie setzen sich ins Atrium und füttern die Goldfische, sprechen vom Wetter. Er lädt sie für den Sommer nach Bajä ...

Sie ist nicht beruhigt. Er scheint noch nicht mit den Vorbereitungen zum Losschlagen fertig zu sein, das ist wahrscheinlich alles. Sie geht mit starrem Gesicht weg. Cäsar geleitet sie bis zu ihrer Sänfte, dann begibt er sich in die Büros, wo die Juristen und Sekretäre fieberhaft an dem Entwurf des neuen Wahlgesetzes arbeiten. Der Entwurf muß geheim bleiben: Niemand hat die Erlaubnis, den Palast zu verlassen. *Diese Verfassung wird die freieste sein, die Rom je erlebt hat.*

Freilich kommt jetzt alles auf das Volk an ...

Da Rarus merkwürdig lange ausbleibt — was kann es da schon zu verhandeln geben, diese Plebejer müssen doch mit beiden Händen zufassen, wenn der Diktator ihnen diese einmalige Chance gibt —, beschließt Cäsar, zum Hunderennen zu gehen. Er fühlt das Bedürfnis, selber mit dem Volk Kontakt zu suchen, und das Volk ist beim Hunderennen zu finden. — Die Arena ist noch nicht ganz gefüllt. Cäsar begibt sich nicht in die große Loge, er nimmt weiter oben, unter der Menge, Platz. Er braucht kaum zu befürchten, daß er erkannt wird, die Leute haben ihn immer nur von weitem gesehen.

Cäsar sieht einige Zeit zu, dann setzt auch er auf einen bestimmten Hund. Neben ihm hat sich ein Mann niedergesetzt, dem gibt er seine Gründe an, warum er gerade auf diesen Hund gesetzt hat. Der Mann nickt. Eine Reihe weiter vorn entsteht ein kleiner Streit. Einige Leute scheinen auf falschen Plätzen zu sitzen, Neuangekommene vertreiben sie davon. Cäsar versucht, mit seinen Nachbarn ins Gespräch zu kommen, sogar über Politik. Sie antworten einsilbig, und dann erkennt er, daß sie wissen, wer er ist: Er sitzt unter seinen Geheimpolizisten.

Ärgerlich steht er auf und geht weg. Der Hund, auf den er gesetzt hat, hat übrigens gewonnen ...

Vor der Arena begegnet er seinem Sekretär, der ihn sucht. Er hat keine guten Nachrichten. Niemand will verhandeln. Überall herrscht Furcht oder Haß. Meistens das letztere. Der Mann, dem man vertraut, ist Carpo, der Bauarbeiter. Cäsar hört finster zu. Er steigt in seine Sänfte und läßt sich ins Mamertinische Gefängnis tragen. Er wird Carpo sprechen.

Carpo muß erst gesucht werden. Es gibt so sehr viele ehemalige plebejische Gefangene in diesen Kasematten, sie verfaulen zu Dutzenden hier. Aber nach einigem Hin und Her wird der Bauarbeiter Carpo an langen Stricken aus einem Loch herausgewunden, und nun kann der Diktator den Mann sprechen, zu dem das Volk Roms Vertrauen hat.

Sie sitzen sich gegenüber und betrachten sich. Carpo ist ein alter Mann, vielleicht ist er nicht älter als Cäsar, aber er sieht jedenfalls achtzigjährig aus. Sehr alt, sehr verfallen, aber nicht gebrochen. Cäsar entwickelt ihm ohne Umschweife seinen unerhörten Plan, die Demokratie wieder einzuführen, Wahlen auszuschreiben, sich selbst ins Privatleben zurückzuziehen usw. usw.

Der alte Mann schweigt. Er sagt nicht ja, er sagt nicht nein, er schweigt. Er sieht Cäsar starr an und gibt keinen Laut von sich. Als Cäsar aufbricht, wird er wieder mit den langen Stricken in sein Loch hinuntergelassen. Der Traum von der Demokratie ist ausgeträumt. Es ist klar: Wenn einen Umsturz, dann wollen sie ihn nicht mit ihm. Sie kennen ihn zu gut.

Wenn der Diktator in sein Haus zurückkehrt, hat der Sekretär einige Mühe, den Wachen begreiflich zu machen, wer er ist. Sie sind neu. Der neue Ädil hat die römischen Wachen entfernt und eine Negerkohorte in den Palast geworfen. Die Neger sind sicherer, sie verstehen nicht Lateinisch und können also schwerer aufgehetzt, von der Stimmung in der Stadt angesteckt werden. Cäsar weiß nun, wie die Stimmung in der Stadt ist...

Die Nacht im Palast verläuft unruhig. Cäsar steht mehrere Male auf und geht durch den weitläufigen Palast. Die Neger trinken und singen. Niemand kümmert sich um ihn, niemand erkennt ihn. Er hört einem ihrer traurigen Lieder zu und geht hinaus in die Ställe, sein Lieblingspferd zu besuchen. Das Pferd erkennt ihn jedenfalls... Das ewige Rom liegt in unruhigem Schlummer. Vor den

Toren der Nachtasyle stehen noch ruinierte Handwerker an um drei Stunden Schlaf und lesen große, halbzerrissene Plakate, die Soldaten für einen Krieg im Osten warben, der nicht mehr stattfinden wird. In den Gärten der jeunesse dorée sind die Wachen von gestern nacht verschwunden. Aus den Palästen dringen trunkene Stimmen. Durch ein südliches Stadttor zieht eine kleine Kavalkade: Die Königin von Ägypten verläßt tiefverschleiert die Hauptstadt ... Zwei Uhr nachts erinnert sich Cäsar an etwas, steht auf und geht im Nachtgewand in den Flügel des Palastes, wo die Juristen immer noch an der neuen Verfassung arbeiten. Er schickt sie schlafen.

Gegen Morgen wird Cäsar mitgeteilt, daß sein Sekretär Rarus in der Nacht ermordet worden ist. Seine Gespräche mit plebejischen Politikern sind anscheinend ausgespitzelt worden, und aus dem Dunkeln haben mächtige Hände zugegriffen. Wessen Hände? Die Listen mit den Namen der Verschworenen, die in seinem Besitz waren, sind verschwunden.

Er ist im Palast ermordet worden. Also ist der Palast nicht mehr sicher für Anhänger des Diktators. Ist er es noch für den Diktator selber? Cäsar steht lange vor dem Feldbett, auf dem der tote Sekretär liegt, sein letzter Vertrauter, den dieses Vertrauen das Leben gekostet hat.

Aus der Kammer tretend, wird er von einem betrunkenen Wachsoldaten angerempelt, der sich nicht entschuldigt. Cäsar blickt sich mehrmals nervös um, wenn er den Gang hinuntergeht.

Im Atrium, das sonderbar verwaist liegt – niemand ist zum Lever erschienen –, stößt er auf einen Boten des Antonius; der Konsul und sein Henchman lassen ihm sagen, er solle heute keinesfalls in den Senat gehen. Seine persönliche Sicherheit sei dort bedroht. Cäsar läßt dem Antonius ausrichten, er werde nicht in den Senat gehen. – Er läßt sich statt dessen zum Haus der Kleopatra tragen, vorbei an der langen Reihe der allmorgendlichen Bittsteller vor seinem Palast. Vielleicht würde Kleopatra seinen Feldzug finanzieren? Dann brauchte er weder die City noch das Volk.

Kleopatra ist nicht zu Hause. Das Haus ist geschlossen. Sie scheint auf lange weggegangen zu sein ...

Zurück in den Palast. Das Tor steht merkwürdigerweise offen. Es stellt sich heraus, daß die Wache abgezogen ist. Der Herr der Welt beugt sich aus seiner Sänfte und blickt auf sein Haus, das er nicht zu betreten wagt.

Er könnte von Antonius eine Schutzwache beordern. Aber er mißtraut jeder Schutzwache. Besser, er geht ohne Schutzwache, so braucht er jedenfalls diese nicht zu fürchten. Wohin geht er? Er gibt den Befehl. Er geht in den Senat.

Er liegt zurückgelehnt in seiner Sänfte, weder nach rechts noch nach links blickend. Er läßt sich zum Porticus des Pompejus tragen. Er steigt aus. Er fertigt Bittsteller ab. Er geht in den Tempel. Er sucht den oder jenen Senator mit dem Blick und begrüßt ihn. Er setzt sich auf seinen Stuhl. Einige Zeremonien werden abgewickelt. Dann treten die Verschworenen auf ihn zu, unter einem Vorwand. Sie haben keine weißen Flecken mehr auf den Hälsen wie in seinem Traum von vor zwei Tagen; sie haben alle Gesichter, die seiner besten Freunde. Jemand gibt ihm was zu lesen, er greift danach. Sie fallen über ihn her.

2

Cäsars Legionär

Im Morgengrauen fährt ein Ochsenkarren durch die frühlingsgrüne Campagna auf Rom zu. Es ist der zweiundfünfzigjährige Pächter und cäsarische Veteran Terentius Scaper mit Familie und Hausrat. Ihre Gesichter sind sorgenvoll. Sie sind wegen Pachtschulden von ihrem kleinen Gütchen gejagt worden. Nur die achtzehnjährige Lucilia sieht der großen kalten Stadt freudiger entgegen. Ihr Verlobter lebt dort. Sich der Stadt nähernd, merken sie, daß besondere Ereignisse hier bevorstehen. Die Kontrolle an den Schlagbäumen ist verschärft, und gelegentlich werden sie von Militärpatrouillen angehalten. Gerüchte von einem bevorstehenden großen Krieg in Asien laufen um. Der alte Soldat gewahrt die ihm vertrauten Werbebuden, noch leer der frühen Stunde wegen; er lebt auf. Cäsar plant neue Siegeszüge. Terentius Scaper kommt eben zurecht. Es ist der 13. März des Jahres 44.

Gegen neun Uhr vormittags rollt der Ochsenkarren durch den Porticus des Pompejus. Eine Volksmenge erwartet hier die Ankunft

Cäsars und der Senatoren zu einer Sitzung im Tempel, auf der der Senat «eine wichtige Erklärung des Diktators» entgegennehmen soll. Der Krieg wird allgemein diskutiert, jedoch versuchen zu Scapers Erstaunen Militärpatrouillen, die Leute zum Weitergehen zu veranlassen. Jede Diskussion verstummt, wenn die Soldaten erscheinen. Der Veteran ist einzig bemüht, seinen Karren durchzubringen. Halbwegs durch, steht er im Karren auf und schreit laut nach hinten «Heil Cäsar!». Verwundert konstatiert er, daß niemand seinen Ruf wahrnimmt.

Etwas irritiert bringt er seine kleine Familie in einem billigen Gasthof der Vorstadt unter und macht sich auf, seinen künftigen Schwiegersohn aufzusuchen, den Sekretär Cäsars, Titus Rarus. Er lehnt die Begleitung Lucilias ab. Er hat zunächst mit dem jungen Mann «ein Hühnchen zu rupfen».

Er stellt fest, daß es ziemlich schwierig ist, in Cäsars Palast auf dem Forum einzudringen. Die Kontrolle, besonders auf Waffen, ist recht scharf. Dicke Luft.

Drinnen erfährt er, daß der Diktator über zweihundert Sekretäre hat. Den Namen Rarus kennt niemand.

In der Tat hat Rarus seinen Chef seit drei Jahren nicht mehr im Bibliotheksflügel des Palastes begrüßt. Er ist Cäsars literarischer Sekretär und hat an seinem Werk über die Grammatik mitgearbeitet. Das Werk liegt unberührt, der Diktator hat keine Zeit mehr für derlei. Rarus ist außer sich vor Freude, als der alte Soldat hereinstampft. Was, Lucilia ist hier in Rom? Ja, sie ist hier, aber das ist kein Grund zur Freude. Die Familie ist auf die Straße geworfen worden. Hauptsächlich durch Lucilias Schuld. Sie hätte dem Pachtherrn, dem Lederfabrikanten Pompilius, gegenüber ruhig etwas entgegenkommender sein können... Um so mehr, als Rarus sich überhaupt nicht mehr sehen ließ! Der junge Mann verteidigt sich leidenschaftlich. Er hat keinen Urlaub bekommen. Er wird alles tun, der Familie zu helfen. Er wird bei der Administration Vorschuß nehmen. Er wird seine Verbindungen für Terentius Scaper ausnützen. Warum soll der Veteran nicht Hauptmann werden, schließlich steht ein großer Krieg bevor!

Trampeln und Schwerterklirren auf dem Korridor, die Tür fliegt auf: Auf der Schwelle steht Cäsar.

Der kleine Sekretär steht wie erstarrt unter dem forschenden Blick des großen Mannes. Seit drei Jahren zum erstenmal wieder Cäsar in seinem Arbeitsraum! Er ahnt nicht, daß *sein Schicksal soeben auf die Schwelle getreten ist.*

Cäsar ist nicht gekommen, an seiner Grammatik zu arbeiten. Die Sache ist, er ist auf der Suche nach einem Menschen, dem er vertrauen kann, also einem Menschen, der schwer zu finden ist in diesem Palast. An der Bibliothek vorübergehend, ist ihm sein literarischer Sekretär eingefallen, ein junger Mann, der mit Politik nichts zu tun hat. Vielleicht ist er also nicht bestochen...

Zwei Leibwächter untersuchen Scaper nach Waffen und werfen ihn hinaus. Er geht stolz weg: Sein künftiger Schwiegersohn scheint doch nicht der letzte in diesem Palast zu sein. Der große Cäsar sucht ihn auf, das ist ein günstiges Zeichen.

Auch Rarus wird nach Waffen untersucht. Dann aber gibt der Diktator ihm einen Auftrag. Er soll, am besten auf Umwegen, zu einem gewissen spanischen Bankier gehen und ihn befragen, woher die mysteriösen Widerstände in der City gegen *Cäsars* Krieg im Osten kommen.

Der Veteran wartet inzwischen vor dem Palast auf den jungen Mann. Als er nicht herauskommt – in der Tat benutzt er einen Hinterausgang –, geht Scaper weg, seine Familie von der günstigen Wendung zu benachrichtigen. Unterwegs kommt er an einem Werbebüro vorbei. Nur junge Burschen melden sich zum Waffendienst. Es wird gut sein, Protektion zu haben und Hauptmann zu werden. Zum Soldaten ist er wohl schon zu alt.

Er trudelt noch in einige Schänken, und wenn er in dem kleinen Gasthof in der Vorstadt ankommt, ist er ein wenig beschwipst. Er ist sehr der Hauptmann Terentius Scaper, und sein Zorn wendet sich gegen Lucilias jungen Mann, der immer noch nicht erschienen ist. Der hochgekommene Herr Sekretär hat also keine Zeit, seine Braut zu begrüßen? Und wovon soll die Familie leben? Mindestens dreihundert Sesterzien sind sofort nötig. Lucilia wird sich bequemen müssen, den Lederfabrikanten aufzusuchen, Geld bei ihm ausborgen. Lucilia weint. Sie versteht nicht, daß Rarus nicht kommt. Herr Pompilius wird nicht zögern, ihr die dreihundert Sesterzien zu geben, aber er wird es nicht umsonst tun. Ihr Vater wird sehr böse. Es besteht kein Zweifel mehr, daß der junge Mann nicht mehr «zieht». Man muß ihm Feuer unter den Hintern machen. Man darf ihm nicht zeigen, daß man auf ihn angewiesen ist. Er soll sehen, daß es noch andere Leute gibt, die Lucilia zu schätzen wissen. Lucilia geht weinend weg, sich immerfort nach Rarus umschauend.

Rarus ist in diesem Augenblick wieder zurück im Palast. Er hat von dem spanischen Bankier ein Dossier erhalten und es Cäsar abgeliefert. Jetzt versucht er, bei der Administration einen Vorschuß abzuheben. Er erlebt einen tiefen Schock. Anstatt daß er Geld bekommt, wird er verhört. Wo ist er gewesen? Was war der Auftrag des Diktators? Er weigert sich zu antworten und erfährt, daß er entlassen ist.

Lucilia ist erfolgreicher. Im Kontor der Lederfabrik wird ihr allerdings zuerst gesagt, daß Herr Pompilius verhaftet sei. Die aufgeregten Sklaven besprechen noch das unglaubliche Vorkommnis, begreiflich nur, weil der Prinzipal in der letzten Zeit häufig seine wütende Gegnerschaft zum Diktator ausgedrückt hat, als Herr Pompilius lächelnd eintritt. «Selbstverständlich» konnte man ihn und die anderen Herren der City nicht im Gefängnis halten. Zum Glück gibt es noch gewisse Einflüsse bei der Polizei. Herr Cäsar ist nicht mehr ganz so mächtig in diesen Tagen ...

Lucilia ist nicht zurück, als Rarus endlich im Gasthof ankommt. Der Veteran ist verstimmt, und die Familie will nicht mit der Sprache heraus, wo Lucilia ist. Rarus hat auch die dreihundert Sesterzien nicht gebracht. Er wagt nicht zu gestehen, daß er entlassen ist, und gibt kleinlaut vor, er sei lediglich nicht dazu gekommen, in die Administration zu gehen. Dann kommt eine verweinte Lucilia und stürzt ihm in die Arme. Aber Terentius Scaper sieht keinen Grund, besonderen Takt walten zu lassen. Er fragt Lucilia schamlos nach dem Erfolg ihres Bettelgangs. Ohne Rarus in die Augen zu sehen, gibt sie ihrem Vater die dreihundert Sesterzien. Rarus kann sich leicht selber sagen, woher das Geld ist: Lucilia war bei dem Lederfabrikanten!

Rasend reißt der junge Mann dem alten Mann das Geld aus der Hand. Er wird es morgen dem Herrn Pompilius zurückbringen. Spätestens acht Uhr morgen früh wird er Lucilia genug Geld in den

Gasthof bringen. Und dann wird er mit ihrem Vater zu dem Kommandanten der Palastwache gehen und über die Hauptmannsstelle reden.

Der Veteran gibt grollend seine Zustimmung. Schließlich kann es dem Vertrauten des Beherrschers der Welt nicht schwerfallen, der Familie eines alten verdienten Legionärs auf die Beine zu helfen . . .

Am nächsten Morgen wartet die Familie Scaper jedoch vergebens auf Rarus.

Er ist in aller Frühe zu Cäsar geholt worden. Der Diktator hat mit ihm zusammen in der Bibliothek eine alte, vor vielen Jahren gehaltene Rede hervorgekramt, in der er sein demokratisches Programm entwickelt hatte. Danach ist der Sekretär in die Vorstädte gegangen, um bei verschiedenen plebejischen Politikern zu sondieren, was sie zu einer Wiedereinführung der Demokratie sagen würden. Der Diktator hat übrigens befohlen, die Palastwache zu wechseln und ihren Chef, der Rarus am Tag vorher verhört hat, zu verhaften.

Terentius Scaper beginnt, schwarz zu sehen. Er glaubt nicht mehr an den Verlobten seiner Tochter. Sie hat die ganze Nacht durch geweint und in einem Ausbruch ihm und der Mutter ins Gesicht geschrien, was der Lederfabrikant von ihr verlangt hat. Ihre Mutter hat ihre Partei ergriffen. Der Veteran beschließt, sich auf einem Werbebüro als Soldat anwerben zu lassen. Nach langem Zögern gesteht er seiner Familie, daß er sich für die Musterung zu alt glaubt. Die Familie hilft ihm bereitwillig bei der Verjüngung. Lucilia leiht ihm ihren Schminkstift und der kleine Sohn überwacht seinen Gang.

Aber wenn er, so repräsentabel gemacht, vor dem Werbebüro ankommt, ist es geschlossen. Die jungen Männer davor besprechen erregt das Gerücht, der Krieg im Osten sei abgeblasen. Niedergeschmettert kehrt der Veteran aus zehn cäsarischen Kriegen in den Schoß seiner Familie zurück und findet einen Brief des Rarus an Lucilia vor, in dem steht, daß große Ereignisse bevorstünden. Eben jetzt werde ein Gesetz vorbereitet, durch welches die Veteranen Cäsars Pachthöfe und Staatszuschüsse erhalten sollen. Die Familie ist außer sich vor Freude.

Der Brief des Rarus, am Morgen geschrieben, ist überholt, wenn Terentius Scaper ihn liest. Die Recherchen des Sekretärs haben ergeben, daß die früheren plebejischen Politiker, jahrelang von Cäsar verfolgt, kein Vertrauen mehr in seine politischen Schachzüge haben.

Rarus, der sich übrigens verfolgt sieht, sucht seinen Herrn vergebens im Palast und trifft ihn erst am späten Nachmittag im Zirkus beim Hunderennen. Auf dem Weg in den Palast berichtet er Cäsar die bestürzende Tatsache. Nach einem langen Schweigen macht er, sich plötzlich klar über die ungeheure Gefahr, in der der Diktator schwebt, einen verzweifelten Vorschlag: Cäsar solle die Stadt noch in dieser Nacht insgeheim verlassen und versuchen, nach Brundisium zu entkommen, um von dort mit einem Schiff Alexandria und sein Heer zu erreichen. Er verspricht, ein Ochsengespann für ihn bereitzuhalten. – Der Diktator, verfallen in seinem Sänftensitz zurückgelehnt, antwortet ihm nicht.

Aber Rarus hat beschlossen, diese Flucht vorzubereiten. Die Dämmerung sinkt über das riesige, unruhige, von Gerüchten brodelnde Rom, als er am Porticus des Südens mit der Torwache verhandelt. Ein Ochsenkarren wird nach Mitternacht durchpassieren, ohne Passierschein. Er gibt dem Wachhabenden alles Geld, das er bei sich trägt. Es sind genau dreihundert Sesterzien.

Gegen neun erscheint er im Gasthof bei den Scapers. Er umarmt Lucilia. Er bittet die Familie, ihn mit Terentius Scaper allein zu lassen. Dann geht er auf den Veteranen zu und fragt ihn: «Was würdest du tun für Cäsar?»

«Wie steht's mit einem Pachthof?» fragt Scaper.

«Damit ist es aus», sagt Rarus.

«Und mit der Hauptmannsstelle ist es auch aus?» fragt Scaper.

«Und mit der Hauptmannsstelle ist es auch aus», sagt Rarus.

«Aber du bist noch Sekretär bei ihm?»

«Ja.»

«Und triffst ihn?»

«Ja.»

«Und du kannst ihn nicht dazu bringen, daß er etwas für mich tut?»

«Er kann für niemand mehr etwas tun. Alles ist zusammengebrochen. Er wird morgen erschlagen werden wie eine Ratte. Also: was willst du für ihn tun?» fragt der Sekretär.

Der alte Veteran starrt ihn ungläubig an. Der große Cäsar aus? So aus, daß er, Terentius Scaper, ihm helfen muß?

«Wie soll ich ihm helfen können?» fragt er heiser.

«Ich habe ihm deinen Ochsenkarren versprochen», sagt der Sekretär ruhig. «Du mußt ab Mitternacht am Porticus des Südens auf ihn warten.»

«Sie werden mich nicht durchlassen mit dem Karren.»

«Sie werden. Ich habe ihnen dreihundert Sesterzien dafür bezahlt.»

«Dreihundert Sesterzien? Unsere?»

«Ja.»

Der alte Mann starrt ihn einen Augenblick fast zornig an. Dann kommt in seinen Blick die maulende Unsicherheit der ein halbes Leben lang Gedrillten, und er wendet sich murmelnd ab.

Er murmelt: «Vielleicht ist es ein grad so gutes Geschäft wie jedes andere. Ist er erst draußen, wird er sich revanchieren können.»

Er ist in seine Lebenshaltung zurückgefallen: Er hat wieder *Hoffnung.*

Es ist für Rarus schwer, mit Lucilia fertig zu werden. Seit sie ihn in Rom wiedersah, ist er nie mit ihr allein gewesen. Weder er noch ihr Vater haben ihr gesagt, was ihn immerfort weghält in diesen Tagen. Nun erfährt sie es. Ihr junger Mann ist mit Cäsar zusammen. Er ist der einzige Vertraute des Beherrschers der Welt.

Aber kann er nicht mit ihr eine Viertelstunde in eine Schänke in der Kupferschmiedgasse gehen? Kann nicht Cäsar für eine Viertelstunde selber durchkommen?

Rarus nimmt sie mit in die Kupferschmiedgasse. Aber sie kommen nicht in die Schänke. Rarus merkt plötzlich, daß er wieder verfolgt wird. Zwei dunkle Individuen beschatten ihn, wohin er auch geht, seit dem Morgen. So trennen sich die Liebenden vor dem Gasthof. Lucilia geht zu ihrer Mutter zurück und erzählt ihr strahlend, wie nahe ihr junger Mann dem großen Cäsar steht.

Währenddem versucht der junge Mann vergebens, die Verfolger abzuschütteln.

Vor Mitternacht wird er wissen, was es bedeutet, in die Nähe der Mächtigen zu geraten.

Gegen elf Uhr ist Rarus wieder im Palast auf dem Forum. Ein Negerregiment hat die Palastwache bezogen. Die Soldaten sind größtenteils betrunken.

In seinem kleinen Zimmer hinter der Bibliothek sucht er fieberhaft jenes Dossier durch, das ihm der spanische Bankier am Tag zuvor für Cäsar übergeben hat. Cäsar hat es nicht gelesen. In diesem Dossier stehen die Namen der Verschworenen. Er findet sie alle. Brutus, Cassius, die ganze jeunesse dorée Roms, viele darunter, die Cäsar für seine Freunde hält. Er muß unbedingt das Dossier lesen, sofort, noch diese Nacht. Es wird ihn dazu bringen, Terentius Scapers Ochsenkarren aufzusuchen.

Er nimmt das Dossier an sich und macht sich auf den Weg. Die Korridore liegen halb dunkel, vom andern Flügel herüber kommt trunkener Gesang.

Am Eingang zum Atrium stehen zwei riesige Neger auf Wache. Sie wollen ihn nicht passieren lassen. Was er sagt, verstehen sie nicht.

Er versucht es in einer anderen Richtung, der Palast ist riesig. Auch hier Negerwachen und kein Durchkommen. Er versucht Korridore und Vorgärten, in die man durch Fenster steigend gelangt, aber alles ist versperrt.

Erschöpft in sein Zimmer zurückkehrend, vermeint er den Rücken eines Mannes weiter unten im Korridor zu erkennen. Es ist einer seiner Verfolger.

Von Angst erfaßt stürzt er in sein Zimmer, blockiert die Tür. Er macht nicht Licht und schaut aus dem Fenster in den Hof. Da sitzt vor seinem Fenster der zweite Verfolger. Der kalte Schweiß bricht ihm aus.

Er sitzt lange im dunklen Raum, horchend. Einmal klopft es an der Tür. Rarus öffnet nicht. So sieht er den Mann nicht, der nach einigem Warten vor seiner Tür wieder weggeht: Cäsar.

Ab Mitternacht hält Terentius Scapers Ochsenkarren vor dem Porticus des Südens. Der Veteran hat Frau und Kindern nur mitgeteilt, er habe eine Fuhre zu machen, die ein paar Tage von Rom weg führen werde. Lucilia und ihre Mutter sollten zu Rarus gehen, der für sie sorgen würde.

Jedoch kommt niemand an den Porticus des Südens in dieser Nacht, den Ochsenkarren zu besteigen.

In der Frühe des 15. März wird dem Diktator berichtet, daß sein Sekretär nachts im Palast ermordet worden ist. Die Liste mit den Namen der Verschworenen ist verschwunden. Cäsar wird die Träger dieser Namen an diesem Vormittag im Senat treffen und unter ihren Dolchstößen zusammenbrechen.

Ein Ochsenkarren, geführt von einem alten Soldaten und ruinierten Pächter, wird zu einem Gasthof in der Vorstadt zurückrollen, wo eine kleine Familie warten wird, der der große Cäsar dreihundert Sesterzien schuldet ...

Die Teppichweber von Kujan-Bulak
ehren Lenin

1

Oftmals wurde geehrt und ausgiebig
Der Genosse Lenin. Büsten gibt es und Standbilder.
Städte werden nach ihm benannt und Kinder.
Reden werden gehalten in vielerlei Sprachen,
Versammlungen gibt es und Demonstrationen
Von Shanghai bis Chikago, Lenin zu Ehren.
So aber ehrten ihn die
Teppichweber von Kujan-Bulak,
Kleiner Ortschaft im südlichen Turkestan:

Zwanzig Teppichweber stehn dort abends
Fiebergeschüttelt auf von dem ärmlichen Webstuhl.
Fieber geht um: die Bahnstation
Ist erfüllt von dem Summen der Stechmücken, dicker Wolke,
Die sich erhebt aus dem Sumpf hinter dem alten Kamelfriedhof.
Aber die Eisenbahn, die
Alle zwei Wochen Wasser und Rauch bringt, bringt
Eines Tages die Nachricht auch,
Daß der Tag der Ehrung des Genossen Lenin bevorsteht,
Und es beschließen die Leute von Kujan-Bulak,
Teppichweber, arme Leute,
Daß dem Genossen Lenin auch in ihrer Ortschaft
Aufgestellt werde eine gipserne Büste.
Als aber das Geld eingesammelt wird für die Büste,
Stehen sie alle
Geschüttelt vom Fieber und zahlen
Ihre mühsam erworbenen Kopeken mit fliegenden Händen.

Und der Rotarmist Stepa Gamalew, der
Sorgsam Zählende und genau Schauende,
Sieht die Bereitschaft, Lenin zu ehren, und freut sich,
Aber er sieht auch die unsicheren Hände.
Und er macht plötzlich den Vorschlag,
Mit dem Geld für die Büste Petroleum zu kaufen und
Es auf den Sumpf zu gießen hinter dem Kamelfriedhof,
Von dem her die Stechmücken kommen, welche
Das Fieber erzeugen.
So also das Fieber zu bekämpfen in Kujan-Bulak, und zwar
Zu Ehren des gestorbenen, aber
Nicht zu vergessenden
Genossen Lenin.
Sie beschlossen es. An dem Tage der Ehrung trugen sie
Ihre zerbeulten Eimer, gefüllt mit dem schwarzen Petroleum,
Einer hinter dem andern,
Hinaus und begossen den Sumpf damit.

So nützten sie sich, indem sie Lenin ehrten, und
Ehrten ihn, indem sie sich nützten, und hatten ihn
Also verstanden.

2

Wir haben gehört, wie die Leute von Kujan-Bulak
Lenin ehrten. Als nun am Abend
Das Petroleum gekauft und ausgegossen über dem Sumpf war,
Stand ein Mann auf in der Versammlung, und der verlangte,
Daß eine Tafel angebracht würde an der Bahnstation,
Mit dem Bericht dieses Vorgangs, enthaltend
Auch genau den geänderten Plan und den Eintausch der
Leninbüste gegen die fiebervernichtende Tonne Petroleum.
Und dies alles zu Ehren Lenins.
Und sie machten auch das noch
Und setzten die Tafel.

DER SOLDAT VON LA CIOTAT

Nach dem ersten Weltkrieg sahen wir in der kleinen südfranzösischen Hafenstadt La Ciotat bei einem Jahrmarkt zur Feier eines Schiffsstapellaufs auf einem öffentlichen Platz das bronzene Standbild eines Soldaten der französischen Armee, um das die Menge sich drängte. Wir traten näher hinzu und entdeckten, daß es ein lebendiger Mensch war, der da unbeweglich in erdbraunem Mantel, den Stahlhelm auf dem Kopf, ein Bajonett im Arm, in der heißen Junisonne auf einem Steinsockel stand. Sein Gesicht und seine Hände waren mit einer Bronzefarbe angestrichen. Er bewegte keinen Muskel, nicht einmal seine Wimpern zuckten.

Zu seinen Füßen an dem Sockel lehnte ein Stück Pappe, auf dem folgender Text zu lesen war:

Der Statuenmensch
(Homme Statue)

Ich, Charles Louis Franchard, Soldat im ... ten Regiment, erwarb als Folge einer Verschüttung vor Verdun die ungewöhnliche Fähigkeit, vollkommen unbeweglich zu verharren und mich beliebige Zeit *wie eine Statue* zu verhalten. Diese meine Kunst wurde von vielen Professoren geprüft und als eine unerklärliche Krankheit bezeichnet. Spenden Sie, bitte, einem Familienvater ohne Stellung eine kleine Gabe!

Wir warfen eine Münze in den Teller, der neben dieser Tafel stand, und gingen kopfschüttelnd weiter.

Hier also, dachten wir, steht er, bis an die Zähne bewaffnet, der unverwüstliche Soldat vieler Jahrtausende, er, mit dem Geschichte gemacht wurde, er, der alle diese großen Taten der Alexander, Cäsar, Napoleon ermöglichte, von denen wir in den Schullesebüchern lesen. Das ist er. Er zuckt nicht mit der Wimper. Das ist der Bogenschütze des Cyrus, der Sichelwagenlenker des Kambyses, den der Sand der Wüste nicht endgültig begraben konnte, der Legionär

Cäsars, der Lanzenreiter des Dschingis-Khan, der Schweizer des XIV. Ludwig und des I. Napoleon Grenadier. Er besitzt die eben doch nicht so ungewöhnliche Fähigkeit, sich nichts anmerken zu lassen, wenn alle erdenklichen Werkzeuge der Vernichtung an ihm ausprobiert werden. Wie ein Stein, fühllos (sagt er), verharre er, wenn man ihn in den Tod schicke. Durchlöchert von Lanzen der verschiedenen Zeitalter, steinernen, bronzenen, eisernen, angefahren von Streitwagen, denen des Artaxerxes und denen des Generals Ludendorff, zertrampelt von den Elefanten des Hannibal und den Reitergeschwadern des Attila, zerschmettert von den fliegenden Erzstücken der immer vollkommeneren Geschütze mehrerer Jahrhunderte, aber auch den fliegenden Steinen der Katapulte, zerrissen von Gewehrkugeln, groß wie Taubeneier und klein wie Bienen, steht er, unverwüstlich, immer von neuem, kommandiert in vielerlei Sprachen, aber immer unwissend warum und wofür. Die Ländereien, die er eroberte, nahm nicht er in Besitz, so wie der Maurer nicht das Haus bewohnt, das er gebaut hat. Noch gehörte ihm etwa das Land, das er verteidigte. Nicht einmal seine Waffe oder seine Montur gehört ihm. Aber er steht, über sich den Todesregen der Flugzeuge und das brennende Pech der Stadtmauern, unter sich Mine und Fallgrube, um sich Pest und Gelbkreuzgas, fleischerner Köcher für Wurfspieß und Pfeil, Zielpunkt, Tankmatsch, Gaskocher, vor sich den Feind und hinter sich den General! Unzählige Hände, die ihm das Wams webten, den Harnisch klopften, die Stiefel schnitten! Unzählbare Taschen, die sich durch ihn füllten! Unermeßliches Geschrei in *allen* Sprachen der Welt, das ihn anfeuerte! Kein Gott, der ihn nicht segnete! Ihn, der behaftet ist mit dem entsetzlichen Aussatz der Geduld, ausgehöhlt von der unheilbaren Krankheit der Unempfindlichkeit!

Was für eine Verschüttung, dachten wir, ist das, der er diese Krankheit verdankt, diese furchtbare, ungeheuerliche, so überaus ansteckende Krankheit?

Sollte sie, fragten wir uns, nicht doch heilbar sein?

FRAGEN EINES LESENDEN ARBEITERS

Wer baute das siebentorige Theben?
In den Büchern stehen die Namen von Königen.
Haben die Könige die Felsbrocken herbeigeschleppt?
Und das mehrmals zerstörte Babylon,
Wer baute es so viele Male auf? In welchen Häusern
Des goldstrahlenden Lima wohnten die Bauleute?
Wohin gingen an dem Abend, wo die chinesische Mauer fertig war,
Die Maurer? Das große Rom
Ist voll von Triumphbögen. Über wen
Triumphierten die Cäsaren? Hatte das vielbesungene Byzanz
Nur Paläste für seine Bewohner? Selbst in dem sagenhaften At-
    lantis
Brüllten doch in der Nacht, wo das Meer es verschlang,
Die Ersaufenden nach ihren Sklaven.
Der junge Alexander eroberte Indien.
Er allein?
Cäsar schlug die Gallier.
Hatte er nicht wenigstens einen Koch bei sich?
Philipp von Spanien weinte, als seine Flotte
Untergegangen war. Weinte sonst niemand?
Friedrich der Zweite siegte im Siebenjährigen Krieg. Wer
Siegte außer ihm?
Jede Seite ein Sieg.
Wer kochte den Siegesschmaus?
Alle zehn Jahre ein großer Mann.
Wer bezahlte die Spesen?

So viele Berichte,
So viele Fragen.

DER VERWUNDETE SOKRATES

Georg Kaiser gewidmet

Sokrates, der Sohn der Hebamme, der in seinen Zwiegesprächen
so gut und leicht und unter so kräftigen Scherzen seine Freunde
wohlgestalter Gedanken entbinden konnte und sie so mit eigenen
Kindern versorgte, anstatt wie andere Lehrer ihnen Bastarde auf-
zuhängen, galt nicht nur als der klügste aller Griechen, sondern
auch als einer der tapfersten. Der Ruf der Tapferkeit scheint uns
ganz gerechtfertigt, wenn wir beim Platon lesen, wie frisch und un-
verdrossen er den Schierlingsbecher leerte, den ihm die Obrigkeit
für die seinen Mitbürgern geleisteten Dienste am Ende reichen
ließ. Einige seiner Bewunderer aber haben es für nötig gehalten,
auch noch von seiner Tapferkeit im Felde zu reden. Tatsächlich
kämpfte er in der Schlacht bei Delion mit, und zwar bei den leicht-
bewaffneten Fußtruppen, da er weder seinem Ansehen nach, er war
Schuster, noch seinem Einkommen nach, er war Philosoph, zu den
vornehmeren und teueren Waffengattungen eingezogen wurde. Jedoch war, wie man sich denken kann, seine Tapferkeit von besonderer Art.

Sokrates hatte sich am Morgen der Schlacht so gut wie möglich auf
das blutige Geschäft vorbereitet, indem er Zwiebeln kaute, was
nach Ansicht der Soldaten Mut erzeugte. Seine Skepsis auf vielen
Gebieten veranlaßte ihn zur Leichtgläubigkeit auf vielen andern
Gebieten; er war gegen die Spekulation und für die praktische Erfahrung, und so glaubte er nicht an die Götter, wohl aber an die
Zwiebeln.

Leider verspürte er keine eigentliche Wirkung, jedenfalls keine so-
fortige, und so trottete er düster in einer Abteilung von Schwert-
kämpfern, die im Gänsemarsch in ihre Stellung auf irgendeinem
Stoppelfeld einrückte. Hinter und vor ihm stolperten Athener Jun-

gens aus den Vorstädten, die ihn darauf aufmerksam machten, daß die Schilde der Athenischen Zeughäuser für dicke Leute wie ihn zu klein geschnitten seien. Er hatte denselben Gedanken gehabt, nur waren es bei ihm *breite* Leute gewesen, die durch die lächerlich schmalen Schilde nicht halbwegs gedeckt wurden.

Der Gedankenaustausch zwischen seinem Vorder- und seinem Hintermann über die Profite der großen Waffenschmieden aus zu kleinen Schilden wurde abgebrochen durch das Kommando «Lagern».

Man ließ sich auf den Stoppelboden nieder, und ein Hauptmann wies Sokrates zurecht, weil er versucht hatte, sich auf seinen Schild zu setzen. Mehr als der Anschnauzer selbst beunruhigte ihn die gedämpfte Stimme, mit der er erfolgte. Der Feind schien in der Nähe vermutet zu werden.

Der milchige Morgennebel verhinderte alle Aussicht. Jedoch zeigten die Laute von Tritten und klirrenden Waffen an, daß die Ebene besetzt war.

Sokrates erinnerte sich mit großer Unlust an ein Gespräch, das er am Abend vorher mit einem jungen vornehmen Mann geführt hatte, den er hinter den Kulissen einmal getroffen hatte und der Offizier bei der Reiterei war.

«Ein kapitaler Plan!» hatte der junge Laffe erklärt. «Das Fußvolk steht ganz einfach, treu und bieder aufgestellt da und fängt den Stoß des Feindes auf. Und inzwischen geht die Reiterei in der Niederung vor und kommt ihm in den Rücken.»

Die Niederung mußte ziemlich weit nach rechts, irgendwo im Nebel liegen. Da ging wohl jetzt also die Reiterei vor.

Der Plan hatte Sokrates gut geschienen, oder jedenfalls nicht schlecht. Es wurden ja immer Pläne gemacht, besonders wenn man dem Feind unterlegen an Stärke war. In Wirklichkeit wurde dann einfach gekämpft, das heißt zugehauen. Und man ging nicht da vor, wo der Plan es vorschrieb, sondern da, wo der Feind es zuließ.

Jetzt, im grauen Morgenlicht, kam der Plan Sokrates ganz und gar miserabel vor. Was hieß das: das Fußvolk fängt den Stoß des Feindes auf? Im allgemeinen war man froh, wenn man einem Stoß ausweichen konnte, und jetzt sollte die Kunst darin bestehen, ihn aufzufangen! Es war sehr schlimm, daß der Feldherr selber ein Reiter war.

So viele Zwiebeln gab es gar nicht auf dem Markt, als für den einfachen Mann nötig waren.

Und wie unnatürlich war es, so früh am Morgen, statt im Bett zu liegen, hier mitten in einem Feld auf dem nackten Boden zu sitzen, mit mindestens zehn Pfund Eisen auf dem Leib und einem Schlachtmesser in der Hand! Es war richtig, daß man die Stadt verteidigen mußte, wenn sie angegriffen wurde, da man sonst dort großen Ungelegenheiten ausgesetzt war, aber warum wurde die Stadt angegriffen? Weil die Reeder, Weinbergbesitzer und Sklavenhändler in Kleinasien den persischen Reedern, Weinbergbesitzern und Sklavenhändlern ins Gehege gekommen waren! Ein schöner Grund!

Plötzlich saßen alle wie erstarrt.

Von links aus dem Nebel kam ein dumpfes Gebrüll, begleitet von einem metallenen Schallen. Es pflanzte sich ziemlich rasch fort. Der Angriff des Feindes hatte begonnen.

Die Abteilung stand auf. Mit herausgewälzten Augen stierte man in den Nebel vorn. Zehn Schritt zur Seite fiel ein Mann in die Knie und rief lallend die Götter an. Zu spät, schien es Sokrates.

Plötzlich, wie eine Antwort, erfolgte ein schreckliches Gebrüll weiter rechts. Der Hilfeschrei schien in einen Todesschrei übergegangen zu sein. Aus dem Nebel sah Sokrates eine kleine Eisenstange geflogen kommen. Ein Wurfspeer!

Und dann tauchten, undeutlich im Dunst, vorn massive Gestalten auf: Die Feinde.

Sokrates, unter dem überwältigenden Eindruck, daß er vielleicht schon zu lange gewartet hatte, wandte sich schwerfällig um und begann zu laufen. Der Brustpanzer und die schweren Beinschienen hinderten ihn beträchtlich. Sie waren viel gefährlicher als Schilde, da man sie nicht wegwerfen konnte.

Keuchend lief der Philosoph über das Stoppelfeld. Alles hing davon ab, ob er genügend Vorsprung gewann. Hoffentlich fingen die braven Jungen hinter ihm den Stoß für eine Zeit auf.

Plötzlich durchfuhr ihn ein höllischer Schmerz. Seine linke Sohle brannte, daß er meinte, es überhaupt nicht aushalten zu können. Er ließ sich stöhnend zu Boden sinken, ging aber mit einem neuen Schmerzensschrei wieder hoch. Mit irren Augen blickte er um sich und begriff alles. Er war in ein Dornenfeld geraten!

Es war ein Gewirr niedriger Hecken mit sehr scharfen Dornen. Auch im Fuß mußte ein Dorn stecken. Vorsichtig, mit tränenden Augen, suchte er eine Stelle am Boden, wo er sitzen konnte. Auf dem gesunden Fuß humpelte er ein paar Schritte im Kreise, bevor er sich zum zweitenmal niederließ. Er mußte sofort den Dorn ausziehen.

Gespannt horchte er nach dem Schlachtenlärm: Er zog sich nach beiden Seiten ziemlich weit hin, jedoch war er nach vorn mindestens hundert Schritte entfernt. Immerhin schien er sich zu nähern, langsam, aber unverkennbar.

Sokrates konnte die Sandale nicht herunterbekommen. Der Dorn hatte die dünne Ledersohle durchbohrt und stak tief im Fleisch. Wie konnte man den Soldaten, die die Heimat gegen den Feind verteidigen sollten, so dünne Schuhe liefern! Jeder Ruck an der Sandale war von einem brennenden Schmerz gefolgt. Ermattet ließ der Arme die massigen Schultern vorsinken. Was tun?

Sein trübes Auge fiel auf das Schwert neben ihm. Ein Gedanke durchzuckte sein Gehirn, willkommener als je einer in einem Streitgespräch. Konnte man das Schwert als ein Messer benutzen? Er griff danach.

In diesem Augenblick hörte er dumpfe Tritte. Ein kleiner Trupp brach durch das Gestrüpp. Den Göttern sei Dank, es waren eigene! Sie blieben einige Sekunden stehen, als sie ihn sahen. «Das ist der Schuster», hörte er sie sagen. Dann gingen sie weiter.

Aber links von ihnen kam jetzt auch Lärm. Und dort ertönten Kommandos in einer fremden Sprache. Die Perser!

Sokrates versuchte, wieder auf die Beine zu kommen, das heißt auf das rechte Bein. Er stützte sich auf das Schwert, das nur um wenig zu kurz war. Und dann sah er links, in der kleinen Lichtung, einen Knäuel Kämpfender auftauchen. Er hörte Ächzen und das Aufschlagen stumpfen Eisens auf Eisen oder Leder.

Verzweifelt hüpfte er auf dem gesunden Fuß rückwärts. Umknickend kam er wieder auf den verwundeten Fuß zu stehen und sank stöhnend zusammen. Als der kämpfende Knäuel, der nicht groß war, es handelte sich vielleicht um zwanzig oder dreißig Mann, sich auf wenige Schritte genähert hatte, saß der Philosoph auf dem Hintern zwischen zwei Dornsträuchern, hilflos dem Feind entgegenblickend.

Es war unmöglich für ihn, sich zu bewegen. Alles war besser, als diesen Schmerz im Fußballen noch ein einziges Mal zu spüren. Er wußte nicht, was machen, und plötzlich fing er an zu brüllen.

Genau beschrieben war es so: Er hörte sich brüllen. Er hörte sich aus seinem mächtigen Brustkasten brüllen wie eine Röhre: «Hierher, dritte Abteilung! Gebt ihnen Saures, Kinder!»

Und gleichzeitig sah er sich, wie er das Schwert faßte und es im Kreise um sich schwang, denn vor ihm stand, aus dem Gestrüpp aufgetaucht, ein persischer Soldat mit einem Spieß. Der Spieß flog zur Seite und riß den Mann mit.

Und Sokrates hörte sich zum zweiten Male brüllen und sagen: «Keinen Fußbreit mehr zurück, Kinder! Jetzt haben wir sie, wo wir sie haben wollen, die Hundesöhne! Krapolus, vor mit der sechsten! Nullos, nach rechts! Zu Fetzen zerreiße ich, wer zurückgeht!»

Neben sich sah er zu seinem Erstaunen zwei von den eigenen, die ihn entsetzt anglotzten. «Brüllt», sagte er leise, «brüllt, um des Himmels willen!» Der eine ließ die Kinnlade fallen vor Schrecken, aber der andere fing wirklich an zu brüllen, irgendwas. Und der Perser vor ihnen stand mühsam auf und lief ins Gestrüpp.

Von der Lichtung her stolperten ein Dutzend Erschöpfte. Die Perser hatten sich auf das Gebrüll hin zur Flucht gewandt. Sie fürchteten einen Hinterhalt.

«Was ist hier?» fragte einer der Landsleute Sokrates, der immer noch auf dem Boden saß.

«Nichts», sagte dieser. «Steht nicht so herum und glotzt nicht auf mich. Lauft lieber hin und her und gebt Kommandos, damit man drüben nicht merkt, wie wenige wir sind.»

«Besser, wir gehen zurück», sagte der Mann zögernd.

«Keinen Schritt», protestierte Sokrates. «Seid ihr Hasenfüße?»

Und da es für den Soldaten nicht genügt, wenn er Furcht hat, sondern er auch Glück haben muß, hörte man plötzlich von ziemlich weit her, aber ganz deutlich, Pferdegetrappel und wilde Schreie, und sie waren in griechischer Sprache! Jedermann weiß, wie vernichtend die Niederlage der Perser an diesem Tage war. Sie beendete den Krieg.

Als Alkibiades an der Spitze der Reiterei an das Dornenfeld kam, sah er, wie eine Rotte von Fußsoldaten einen dicken Mann auf den Schultern trug.

Sein Pferd anhaltend, erkannte er den Sokrates in ihm, und die Soldaten klärten ihn darüber auf, daß er die wankende Schlachtreihe durch seinen unerschütterlichen Widerstand zum Stehen gebracht hatte.

Sie trugen ihn im Triumph bis zum Train. Dort wurde er, trotz seines Protestes, auf einen der Fouragewagen gesetzt, und umgeben von schweißübergossenen, aufgeregt schreienden Soldaten gelangte er nach der Hauptstadt zurück.

Man trug ihn auf den Schultern in sein kleines Haus.

Xanthippe, seine Frau, kochte ihm eine Bohnensuppe. Vor dem Herd kniend und mit vollen Backen das Feuer anblasend, schaute sie ab und zu nach ihm hin. Er saß noch auf dem Stuhl, in den ihn seine Kameraden gesetzt hatten.

«Was ist mit *dir* passiert?» fragte sie argwöhnisch.

«Mit mir?» murmelte er, «nichts.»

«Was ist denn das für ein Gerede von deinen Heldentaten?» wollte sie wissen.

«Übertreibungen», sagte er, «sie riecht ausgezeichnet.»

«Wie kann sie riechen, wenn ich das Feuer noch nicht anhabe? Du hast dich wieder zum Narren gemacht, wie?» sagte sie zornig. «Morgen kann ich dann wieder das Gelächter haben, wenn ich einen Wecken holen gehe.»

«Ich habe keineswegs einen Narren aus mir gemacht. Ich habe mich geschlagen.»

«Warst du betrunken?»

«Nein. Ich habe sie zum Stehen gebracht, als sie zurückwichen.»

«Du kannst nicht einmal dich zum Stehen bringen», sagte sie aufstehend, denn das Feuer brannte. «Gib mir das Salzfaß vom Tisch.»

«Ich weiß nicht», sagte er langsam und nachdenklich, «ich weiß nicht, ob ich nicht am allerliebsten überhaupt nichts zu mir nähme. Ich habe mir den Magen ein wenig verdorben.»

«Ich sagte dir ja, besoffen bist du. Versuch einmal aufzustehen und durchs Zimmer zu gehen, dann werden wir ja sehen.»

Ihre Ungerechtigkeit erbitterte ihn. Aber er wollte unter keinen Umständen aufstehen und ihr zeigen, daß er nicht auftreten konnte. Sie war unheimlich klug, wenn es galt, etwas Ungünstiges über ihn herauszubekommen. Und es war ungünstig, wenn der tiefere Grund seiner Standhaftigkeit in der Schlacht offenbar wurde.

Sie hantierte weiter mit dem Kessel auf dem Herd herum, und dazwischen teilte sie ihm mit, was sie sich dachte.

«Ich bin überzeugt, deine feinen Freunde haben dir wieder einen Druckposten ganz hinten, bei der Feldküche, verschafft. Da ist ja nichts als Schiebung.»

Er sah gequält durch die Fensterluke auf die Gasse hinaus, wo viele Leute mit weißen Laternen herumzogen, da der Sieg gefeiert wurde.

Seine vornehmen Freunde hatten nichts dergleichen versucht, und er würde es auch nicht angenommen haben, jedenfalls nicht so ohne weiteres.

«Oder haben sie es ganz in der Ordnung gefunden, daß der Schuster mitmarschiert? Nicht den kleinen Finger rühren sie für dich. Er ist Schuster, sagen sie, und Schuster soll er bleiben. Wie können wir sonst zu ihm in sein Dreckloch kommen und stundenlang mit ihm schwatzen und alle Welt sagen hören: Sieh mal an, ob er Schuster ist oder nicht, diese feinen Leute setzen sich doch zu ihm und reden mit ihm über Philersophie. Dreckiges Pack.»

«Es heißt Philerphobie», sagte er gleichmütig.

Sie warf ihm einen unfreundlichen Blick zu.

«Belehr mich nicht immer. Ich weiß, daß ich ungebildet bin. Wenn ich es nicht wäre, hättest du niemand, der dir ab und zu ein Schaff Wasser zum Füßewaschen hinstellt.»

Er zuckte zusammen und hoffte, sie hatte es nicht bemerkt. Es durfte heute auf keinen Fall zum Füßewaschen kommen. Den Göttern sei Dank, fuhr sie schon in ihrer Ansprache fort.

«Also betrunken warst du nicht und einen Druckposten haben sie dir auch nicht verschafft. Also mußt du dich wie ein Schlächter aufgeführt haben. Blut hast du an deiner Hand, wie? Aber wenn ich eine Spinne zertrete, brüllst du los. Nicht als ob ich glaubte, daß du wirklich deinen Mann gestanden hättest, aber irgend etwas Schlaues, so etwas hintenrum, mußt du doch wohl gemacht haben, damit sie dir so auf die Schulter klopfen. Aber ich bringe es schon noch heraus, verlaß dich drauf.»

Die Suppe war jetzt fertig. Sie roch verführerisch. Die Frau nahm den Kessel, stellte ihn, mit ihrem Rock die Henkel anfassend, auf den Tisch und begann ihn auszulöffeln.

Er überlegte, ob er nicht doch noch seinen Appetit wiedergewinnen sollte. Der Gedanke, daß er dann wohl an den Tisch mußte, hielt ihn rechtzeitig ab.

Es war ihm nicht wohl zumute. Er fühlte deutlich, daß die Sache noch nicht vorüber war. Sicher würde es in der nächsten Zeit allerhand Unangenehmes geben. Man entschied nicht eine Schlacht gegen die Perser und blieb ungeschoren. Jetzt, im ersten Siegesjubel, dachte man natürlich nicht an den, der das Verdienst hatte. Man war vollauf beschäftigt, seine eigenen Ruhmestaten herumzuposaunen. Aber morgen oder übermorgen würde jeder sehen, daß sein Kollege allen Ruhm für sich in Anspruch nahm, und dann würde man ihn hervorziehen wollen. Viele konnten zu vielen damit etwas am Zeuge flicken, wenn sie den Schuster als den eigentlichen Haupthelden erklärten. Dem Alkibiades war man sowieso nicht grün. Mit Wonne würde man ihm zurufen: Du hast die Schlacht gewonnen, aber ein Schuster hat sie ausgekämpft.

Und der Dorn schmerzte wilder denn je. Wenn er die Sandale nicht bald ausbekam, konnte es Blutvergiftung werden.

«Schmatz nicht so», sagte er geistesabwesend.

Der Frau blieb der Löffel im Mund stecken.

«Was tue ich?»

«Nichts», beeilte er sich erschrocken zu versichern. «Ich war gerade in Gedanken.»

Sie stand außer sich auf, feuerte den Kessel auf den Herd und lief hinaus.

Er seufzte tief auf vor Erleichterung. Hastig arbeitete er sich aus dem Stuhl hoch und hüpfte, sich scheu umblickend, zu seinem Lager hinter. Als sie wieder hereinkam, um ihren Schal zum Ausgehen zu holen, sah sie mißtrauisch, wie er unbeweglich auf der lederbezogenen Hängematte lag. Einen Augenblick dachte sie, es fehle ihm doch etwas. Sie erwog sogar, ihn danach zu fragen, denn sie war ihm sehr ergeben. Aber sie besann sich eines Besseren und verließ maulend die Stube, sich mit der Nachbarin die Festlichkeiten anzusehen.

Sokrates schlief schlecht und unruhig, und erwachte sorgenvoll. Die

Sandale hatte er herunter, aber den Dorn hatte er nicht zu fassen bekommen. Der Fuß war stark geschwollen.

Seine Frau war heute morgen weniger heftig.

Sie hatte am Abend die ganze Stadt von ihrem Mann reden hören. Es mußte tatsächlich irgend etwas stattgefunden haben, was den Leuten so imponiert hatte. Daß er eine ganze persische Schlachtreihe aufgehalten haben sollte, wollte ihr allerdings nicht in den Kopf. Nicht er, dachte sie. Eine ganze Versammlung aufhalten mit seinen Fragen, ja, das konnte er. Aber nicht eine Schlachtreihe. Was war also vorgegangen?

Sie war so unsicher, daß sie ihm die Ziegenmilch ans Lager brachte.

Er traf keine Anstalten aufzustehen.

«Willst du nicht raus?» fragte sie.

«Keine Lust», brummte er.

So antwortete man seiner Frau nicht auf eine höfliche Frage, aber sie dachte sich, daß er vielleicht nur vermeiden wollte, sich den Blicken der Leute auszusetzen, und ließ die Antwort passieren.

Früh am Vormittag kamen schon Besucher.

Es waren ein paar junge Leute, Söhne wohlhabender Eltern, sein gewöhnlicher Umgang. Sie behandelten ihn immer als ihren Lehrer, und einige schrieben sogar mit, wenn er zu ihnen sprach, als sei es etwas ganz Besonderes.

Heute berichteten sie ihm sogleich, daß Athen voll von seinem Ruhm sei. Es sei ein historisches Datum für die Philosophie (sie hatte also doch recht gehabt, es hieß Philersophie und nicht anders). Sokrates habe bewiesen, daß der große Betrachtende auch der groß Handelnde sein könne.

Sokrates hörte ihnen ohne die übliche Spottsucht zu. Während sie sprachen, war es ihm, als höre er, noch weit weg, wie man ein fernes Gewitter hören kann, ein ungeheures Gelächter, das Gelächter einer ganzen Stadt, ja eines Landes, weit weg, aber sich nähernd, unaufhaltsam heranziehend, jedermann ansteckend, die Passanten auf den Straßen, die Kaufleute und Politiker auf dem Markt, die Handwerker in ihren kleinen Läden.

«Es ist alles Unsinn, was ihr da redet», sagte er mit einem plötzlichen Entschluß. «Ich habe gar nichts gemacht.»

Lächelnd sahen sie sich an. Dann sagte einer:

«Genau, was wir auch sagten. Wir wußten, daß du es so auffassen würdest. Was ist das jetzt für ein Geschrei plötzlich, fragten wir Eusopulos von den Gymnasien. Zehn Jahre hat Sokrates die großen Taten des Geistes verrichtet, und kein Mensch hat sich auch nur nach ihm umgeblickt. Jetzt hat er eine Schlacht gewonnen, und ganz Athen redet von ihm. Seht ihr nicht ein, sagten wir, wie beschämend das ist?»

Sokrates stöhnte.

«Aber ich habe sie ja gar nicht gewonnen. Ich habe mich verteidigt, weil ich angegriffen wurde. Mich interessierte diese Schlacht nicht. Ich bin weder ein Waffenhändler, noch habe ich Weinberge in der Umgebung. Ich wüßte nicht, für was ich Schlachten schlagen sollte. Ich steckte unter lauter vernünftigen Leuten aus den Vorstädten, die kein Interesse an Schlachten haben, und ich tat genau, was sie alle auch taten, höchstens einige Augenblicke vor ihnen.»

Sie waren wie erschlagen.

«Nicht wahr», riefen sie, «das haben wir auch gesagt. Er hat nichts getan als sich verteidigt. Das ist seine Art, Schlachten zu gewinnen. Erlaube, daß wir in die Gymnasien zurückeilen. Wir haben ein Gespräch über dieses Thema nur unterbrochen, um dir guten Tag zu sagen.»

Und sie gingen, wollüstig in Gespräch vertieft.

Sokrates lag schweigend, auf die Ellbogen gestützt, und sah nach der rußgeschwärzten Decke. Er hatte recht gehabt mit seinen finsteren Ahnungen.

Seine Frau beobachtete ihn von der Ecke des Zimmers aus. Sie flickte mechanisch an einem alten Rock herum.

Plötzlich sagte sie leise: «Also was steckt dahinter?»

Er fuhr zusammen. Unsicher schaute er sie an.

Sie war ein abgearbeitetes Wesen, mit einer Brust wie ein Brett und traurigen Augen. Er wußte, daß er sich auf sie verlassen konnte. Sie würde ihm noch die Stange halten, wenn seine Schüler schon sagen würden: Sokrates? Ist das nicht dieser üble Schuster, der die Götter leugnet? Sie hatte es schlecht mit ihm getroffen, aber sie beklagte sich nicht, außer zu ihm hin. Und es hatte noch keinen Abend gegeben, wo nicht ein Brot und ein Stück Speck für ihn auf dem Sims gestanden hatte, wenn er hungrig heimgekommen war von seinen wohlhabenden Schülern.

Er fragte sich, ob er ihr alles sagen sollte. Aber dann dachte er daran, daß er in der nächsten Zeit in ihrer Gegenwart eine ganze Menge Unwahres und Heuchlerisches würde sagen müssen, wenn Leute kamen wie eben jetzt und von seinen Heldentaten redeten, und das konnte er nicht, wenn sie die Wahrheit wußte, denn er achtete sie.

So ließ er es sein und sagte nur: «Die kalte Bohnensuppe von gestern abend stinkt wieder die ganze Stube aus.»

Sie schickte ihm nur einen neuen mißtrauischen Blick zu.

Natürlich waren sie nicht in der Lage, Essen wegzuschütten. Er suchte nur etwas, was sie ablenken konnte. In ihr wuchs die Überzeugung, daß etwas mit ihm los war. Warum stand er nicht auf? Er stand immer spät auf, aber nur, weil er immer spät zu Bett ging. Gestern war es sehr früh gewesen. Und heute war die ganze Stadt auf den Beinen, der Siegesfeiern wegen. In der Gasse waren alle Läden geschlossen. Ein Teil der Reiterei war früh fünf Uhr von der Verfolgung des Feindes zurückgekommen, man hatte das Pferdegetrappel gehört. Menschenaufläufe waren eine Leidenschaft von ihm. Er lief an solchen Tagen von früh bis spät herum und knüpfte Gespräche an. Warum stand er also nicht auf?

Die Tür verdunkelte sich, und herein kamen vier Magistratspersonen. Sie blieben mitten in der Stube stehen, und einer sagte in geschäftsmäßigem, aber überaus höflichem Ton, er habe den Auftrag, Sokrates in den Areopag zu bringen. Der Feldherr Alkibiades selber habe den Antrag gestellt, es solle ihm für seine kriegerischen Leistungen eine Ehrung bereitet werden.

Ein Gemurmel von der Gasse her zeigte an, daß sich die Nachbarn vor dem Haus versammelten.

Sokrates fühlte, wie ihm der Schweiß ausbrach. Er wußte, daß er jetzt aufstehen und, wenn er schon mitzugehen ablehnte, doch wenigstens stehend etwas Höfliches sagen und die Leute zur Tür geleiten mußte. Und er wußte, daß er nicht weiter kommen würde als höchstens zwei Schritte weit. Dann würden sie nach seinem Fuß schauen und Bescheid wissen. Und das große Gelächter würde seinen Anfang nehmen, hier und jetzt.

Er ließ sich also, anstatt aufzustehen, auf sein hartes Polster zurücksinken und sagte mißmutig:

«Ich brauche keine Ehrung. Sagt dem Areopag, daß ich mich mit einigen Freunden für elf Uhr verabredet habe, um eine philosophische Frage, die uns interessiert, durchzusprechen, und also zu meinem Bedauern nicht kommen kann. Ich eigne mich durchaus nicht für öffentliche Veranstaltungen und bin viel zu müde.»

Das letztere fügte er hinzu, weil es ihn ärgerte, daß er die Philosophie hereingezogen hatte, und das erstere sagte er, weil er sie mit Grobheit am leichtesten loszuwerden hoffte.

Die Magistratspersonen verstanden denn auch diese Sprache. Sie drehten sich auf den Hacken um und gingen weg, dem Volk, das draußen stand, auf die Füße tretend.

«Dir werden sie die Höflichkeit zu Amtspersonen noch beibringen», sagte seine Frau verärgert und ging in die Küche.

Sokrates wartete, bis sie draußen war, dann drehte er seinen schweren Körper schnell im Bett herum, setzte sich, nach der Tür schielend, auf die Bettkante und versuchte mit unendlicher Vorsicht, mit dem kranken Fuß aufzutreten. Es schien aussichtslos.

Schweißüberströmt legte er sich zurück.

Eine halbe Stunde verging. Er nahm ein Buch vor und las. Wenn er den Fuß ruhig hielt, merkte er fast nichts.

Dann kam sein Freund Antisthenes.

Er zog seinen dicken Überrock nicht aus, blieb am Fußende des Lagers stehen, hustete etwas krampfhaft und kratzte sich seinen struppigen Bart am Hals, auf Sokrates schauend.

«Liegst du noch? Ich dachte, ich treffe nur Xanthippe. Ich bin eigens aufgestanden, um mich nach dir zu erkundigen. Ich war stark erkältet und konnte darum gestern nicht dabei sein.»

«Setz dich», sagte Sokrates einsilbig.

Antisthenes holte sich einen Stuhl aus der Ecke und setzte sich zu seinem Freund.

«Ich beginne heute abend wieder mit dem Unterricht. Kein Grund, länger auszusetzen.»

«Nein.»

«Ich fragte mich natürlich, ob sie kommen würden. Heute sind die großen Essen. Aber auf dem Weg hierher begegnete ich dem jungen Pheston, und als ich ihm sagte, daß ich abends Algebra gebe, war er einfach begeistert. Ich sagte, er könne im Helm kommen. Der Protagoras und die andern werden vor Ärger hochgehen, wenn es heißt: Bei dem Antisthenes haben sie am Abend nach der Schlacht weiter Algebra studiert.»

Sokrates schaukelte sich ganz leicht in seiner Hängematte, indem er sich mit der flachen Hand an der etwas schiefen Wand abstieß. Mit seinen herausstehenden Augen sah er forschend auf den Freund.

«Hast du sonst noch jemand getroffen?»

«Menge Leute.»

Sokrates sah schlecht gelaunt nach der Decke. Sollte er dem Antisthenes reinen Wein einschenken? Er war seiner ziemlich sicher. Er selber nahm nie Geld für Unterricht und war also keine Konkurrenz für Antisthenes. Vielleicht sollte er ihm wirklich den schwierigen Fall unterbreiten.

Antisthenes sah mit seinen funkelnden Grillenaugen neugierig den Freund an und berichtete:

«Der Gorgias geht herum und erzählt allen Leuten, du müßtest davongelaufen sein und in der Verwirrung die falsche Richtung, nämlich nach vorn, eingeschlagen haben. Ein paar von den besseren jungen Leuten wollen ihn schon deswegen verprügeln.

Sokrates sah ihn unangenehm überrascht an.

«Unsinn», sagte er verärgert. Es war ihm plötzlich klar, was seine Gegner gegen ihn in der Hand hatten, wenn er Farbe bekannte.

Er hatte nachts, gegen Morgen zu, gedacht, er könne vielleicht die ganze Sache als ein Experiment drehen und sagen, er habe sehen wollen, wie groß die Leichtgläubigkeit aller sei. «Zwanzig Jahre habe ich auf allen Gassen Pazifismus gelehrt, und ein Gerücht genügte, daß mich meine eigenen Schüler für einen Berserker hielten» usw. usw. Aber da hätte die Schlacht nicht gewonnen werden dürfen. Offenkundig war jetzt eine schlechte Zeit für Pazifismus. Nach einer Niederlage waren sogar die Oberen eine Zeitlang Pazifisten, nach einem Sieg sogar die Unteren Kriegsanhänger, wenigstens eine Zeitlang, bis sie merkten, daß für sie Sieg und Niederlage nicht so verschieden waren. Nein, mit Pazifismus konnte er jetzt nicht Staat machen.

Von der Gasse kam Pferdegetrappel. Reiter hielten vor dem Haus, und herein trat, mit seinem beschwingten Schritt, Alkibiades.

«Guten Morgen, Antisthenes, wie geht das Philosophiegeschäft? Sie sind außer sich», rief er strahlend. «Sie toben auf dem Areopag über deine Antwort, Sokrates. Um einen Witz zu machen, habe ich meinen Antrag, dir den Lorbeerkranz zu verleihen, abgeändert in den Antrag, dir fünfzig Stockschläge zu verleihen. Das hat sie natürlich verschnupft, weil es genau ihrer Stimmung entsprach. Aber du mußt doch mitkommen. Wir werden zu zweit hingehen, zu Fuß.»

Sokrates seufzte. Er stand sich sehr gut mit dem jungen Alkibiades. Sie hatten oftmals miteinander getrunken. Es war freundlich von ihm, ihn aufzusuchen. Es war sicher nicht nur der Wunsch, den Areopag vor den Kopf zu stoßen. Und auch dieser letztere Wunsch war ehrenvoll und mußte unterstützt werden.

Bedächtig sagte er endlich, sich weiterschaukelnd in seiner Hängematte: «Eile heißt der Wind, der das Baugerüst umwirft. Setz dich.»

Alkibiades lachte und zog einen Stuhl heran. Bevor er sich setzte, verbeugte er sich höflich vor Xanthippe, die in der Küchentür stand, sich die nassen Hände am Rock abwischend.

«Ihr Philosophen seid komische Leute», sagte er ein wenig ungeduldig. «Vielleicht tut es dir schon wieder leid, daß du uns hast die Schlacht gewinnen helfen. Antisthenes hat dich wohl darauf aufmerksam gemacht, daß nicht genügend viele Gründe dafür vorlagen?»

«Wir haben von Algebra gesprochen», sagte Antisthenes schnell und hustete wieder.

Alkibiades grinste.

«Ich habe nichts anderes erwartet. Nur kein Aufheben machen von so was, nicht? Nun, meiner Meinung nach war es einfach Tapferkeit. Wenn ihr wollt, nichts Besonders, aber was sollen eine Handvoll Lorbeerblätter Besonderes sein? Beiß die Zähne zusammen und laß es über dich ergehen, Alter. Es ist schnell herum und schmerzt nicht. Und dann gehen wir einen heben.»

Neugierig blickte er auf die breite, kräftige Figur, die jetzt ziemlich stark ins Schaukeln geraten war.

Sokrates überlegte schnell. Es war ihm etwas eingefallen, was er sagen konnte. Er konnte sagen, daß er sich gestern nacht oder heute morgen den Fuß verstaucht hatte. Zum Beispiel, als ihn die Soldaten von ihren Schultern heruntergelassen hatten. Da war sogar eine Pointe drin. Der Fall zeigte, wie leicht man durch die Ehrungen seiner Mitbürger zu Schaden kommen konnte.

Ohne aufzuhören, sich zu wiegen, beugte er sich nach vorn, so daß er aufrecht saß, rieb sich mit der rechten Hand den nackten Arm und sagte langsam:

«Die Sache ist so. Mein Fuß ...»

Bei diesem Wort fiel sein Blick, der nicht ganz stetig war, denn jetzt hieß er, die erste wirkliche Lüge in dieser Angelegenheit auszusprechen, bisher hatte er nur geschwiegen, auf Xanthippe in der Küchentür.

Sokrates versagte die Sprache. Er hatte plötzlich keine Lust mehr, seine Geschichte vorzubringen. Sein Fuß war nicht verstaucht.

Die Hängematte kam zum Stillstand.

«Höre, Alkibiades», sagte er energisch und mit ganz frischer Stimme, «es kann in diesem Falle nicht von Tapferkeit geredet werden. Ich bin sofort, als die Schlacht begann, das heißt, als ich die ersten Perser auftauchen sah, davongelaufen, und zwar in der richtigen Richtung, nach hinten. Aber da war ein Distelfeld. Ich habe mir einen Dorn in den Fuß getreten und konnte nicht weiter. Ich habe dann wie ein Wilder um mich gehauen und hätte beinahe einige von den Eigenen getroffen. In der Verzweiflung schrie ich irgendwas von anderen Abteilungen, damit die Perser glauben sollten, da seien welche, was Unsinn war, denn sie verstehen natürlich nicht Griechisch. Andrerseits scheinen sie aber ebenfalls ziemlich nervös gewesen zu sein. Sie konnten wohl das Gebrüll einfach nicht mehr ertragen, nach allem, was sie bei dem Vormarsch hatten durchmachen müssen. Sie stockten einen Augenblick, und dann kam schon unsere Reiterei. Das ist alles.»

Einige Sekunden war es sehr still in der Stube. Alkibiades sah ihn starr an. Antisthenes hustete hinter der vorgehaltenen Hand, diesmal ganz natürlich. Von der Küchentür her, wo Xanthippe stand, kam ein schallendes Gelächter. Dann sagte Antisthenes trocken:

«Und da konntest du natürlich nicht in den Areopag gehen und die Treppen hinaufhinken, um den Lorbeerkranz in Empfang zu nehmen. Das verstehe ich.»

Alkibiades legte sich in seinem Stuhl zurück und betrachtete mit zusammengekniffenen Augen den Philosophen auf dem Lager. Weder Sokrates noch Antisthenes sahen nach ihm hin.

Er beugte sich wieder vor und umschlang mit den Händen sein eines Knie. Sein schmales Knabengesicht zuckte ein wenig, aber es verriet nichts von seinen Gedanken oder Gefühlen.

«Warum hast du nicht gesagt, du hast irgendeine andere Wunde?» fragte er.

«Weil ich einen Dorn im Fuß habe», sagte Sokrates grob.

«Oh, deshalb?» sagte Alkibiades. «Ich verstehe.» Er stand schnell auf und trat an das Bett.

«Schade, daß ich meinen eigenen Kranz nicht mit hergebracht habe. Ich habe ihn meinem Mann zum Halten gegeben. Sonst würde ich ihn jetzt dir dalassen. Du kannst mir glauben, daß ich dich für tapfer genug halte. Ich kenne niemand, der unter diesen Umständen erzählt hätte, was du erzählt hast.»

Und er ging rasch hinaus.

Als dann Xanthippe den Fuß badete und den Dorn auszog, sagte sie übellaunig:

«Es hätte eine Blutvergiftung werden können.»

«Mindestens», sagte der Philosoph.

MEIN
BRUDER WAR EIN FLIEGER

Mein Bruder war ein Flieger,
Eines Tags bekam er eine Kart,
Er hat seine Kiste eingepackt,
Und südwärts ging die Fahrt.

Mein Bruder ist ein Eroberer,
Unserm Volke fehlt's an Raum,
Und Grund und Boden zu kriegen, ist
Bei uns ein alter Traum.

Der Raum, den mein Bruder eroberte,
Liegt im Quadaramamassiv,
Er ist lang einen Meter achtzig
Und einen Meter fünfzig tief.

Die unwürdige Greisin

Meine Großmutter war zweiundsiebzig Jahre alt, als mein Großvater starb. Er hatte eine kleine Lithographenanstalt in einem badischen Städtchen und arbeitete darin mit zwei, drei Gehilfen bis zu seinem Tod. Meine Großmutter besorgte ohne Magd den Haushalt, betreute das alte, wacklige Haus und kochte für die Mannsleute und Kinder.

Sie war eine kleine magere Frau mit lebhaften Eidechsenaugen, aber langsamer Sprechweise. Mit recht kärglichen Mitteln hatte sie fünf Kinder großgezogen – von den sieben, die sie geboren hatte. Davon war sie mit den Jahren kleiner geworden.

Von den Kindern gingen die zwei Mädchen nach Amerika, und zwei Söhne zogen ebenfalls weg. Nur der Jüngste, der eine schwache Gesundheit hatte, blieb im Städtchen. Er wurde Buchdrucker und legte sich eine viel zu große Familie zu.

So war sie allein im Haus, als mein Großvater gestorben war.

Die Kinder schrieben sich Briefe über das Problem, was mit ihr zu geschehen hätte. Einer konnte ihr bei sich ein Heim anbieten, und der Buchdrucker wollte mit den Seinen zu ihr ins Haus ziehen. Aber die Greisin verhielt sich abweisend zu den Vorschlägen und wollte nur von jedem ihrer Kinder, das dazu imstande war, eine kleine geldliche Unterstützung annehmen. Die Lithographenanstalt, längst veraltet, brachte fast nichts beim Verkauf, und es waren auch Schulden da.

Die Kinder schrieben ihr, sie könne doch nicht ganz allein leben, aber als sie darauf überhaupt nicht einging, gaben sie nach und schickten ihr monatlich ein bißchen Geld. Schließlich, dachten sie, war ja der Buchdrucker im Städtchen geblieben.

Der Buchdrucker übernahm es auch, seinen Geschwistern mitunter über die Mutter zu berichten. Seine Briefe an meinen Vater, und was dieser bei einem Besuch und nach dem Begräbnis meiner Großmutter zwei Jahre später erfuhr, geben mir ein Bild von dem, was in diesen zwei Jahren geschah.

Es scheint, daß der Buchdrucker von Anfang an enttäuscht war, daß meine Großmutter sich weigerte, ihn in das ziemlich große und nun leerstehende Haus aufzunehmen. Er wohnte mit vier Kindern in drei Zimmern. Aber die Greisin hielt überhaupt nur eine sehr lose Verbindung mit ihm aufrecht. Sie lud die Kinder jeden Sonntagnachmittag zum Kaffee, das war eigentlich alles.

Sie besuchte ihren Sohn ein- oder zweimal in einem Vierteljahr und half der Schwiegertochter beim Beereneinkochen. Die junge Frau entnahm einigen ihrer Äußerungen, daß es ihr in der kleinen Wohnung des Buchdruckers zu eng war. Dieser konnte sich nicht enthalten, in seinem Bericht darüber ein Ausrufezeichen anzubringen.

Auf eine schriftliche Anfrage meines Vaters, was die alte Frau denn jetzt so mache, antwortete er ziemlich kurz, sie besuche das Kino.

Man muß verstehen, daß das nichts Gewöhnliches war, jedenfalls nicht in den Augen ihrer Kinder. Das Kino war vor dreißig Jahren noch nicht, was es heute ist. Es handelte sich um elende, schlechtgelüftete Lokale, oft in alten Kegelbahnen eingerichtet, mit schreienden Plakaten vor dem Eingang, auf denen Morde und Tragödien der Leidenschaft angezeigt waren. Eigentlich gingen nur Halbwüchsige hin oder, des Dunkels wegen, Liebespaare. Eine einzelne alte Frau mußte dort sicher auffallen.

Und so war noch eine andere Seite dieses Kinobesuchs zu bedenken. Der Eintritt war gewiß billig, da aber das Vergnügen ungefähr unter den Schleckereien rangierte, bedeutete es «hinausgeworfenes Geld». Und Geld hinauszuwerfen, war nicht respektabel.

Dazu kam, daß meine Großmutter nicht nur mit ihrem Sohn am Ort keinen regelmäßigen Verkehr pflegte, sondern auch sonst niemanden von ihren Bekannten besuchte oder einlud. Sie ging niemals zu den Kaffeegesellschaften des Städtchens. Dafür besuchte sie häufig die Werkstatt eines Flickschusters in einem armen und sogar etwas verrufenen Gäßchen, in der, besonders nachmittags, allerlei nicht besonders respektable Existenzen herumsaßen, stellungslose Kellnerinnen und Handwerksburschen. Der Flickschuster war ein Mann in mittleren Jahren, der in der ganzen Welt herumgekommen war, ohne es zu etwas gebracht zu haben. Es hieß auch, daß er trank. Er war jedenfalls kein Verkehr für meine Großmutter.

Der Buchdrucker deutete in einem Brief an, daß er seine Mutter darauf hingewiesen, aber einen recht kühlen Bescheid bekommen habe. «Er hat etwas gesehen», war ihre Antwort, und das Gespräch war damit zu Ende. Es war nicht leicht, mit meiner Großmutter über Dinge zu reden, die sie nicht bereden wollte.

Etwa ein halbes Jahr nach dem Tod des Großvaters schrieb der Buchdrucker meinem Vater, daß die Mutter jetzt jeden zweiten Tag im Gasthof esse.

Was für eine Nachricht!

Großmutter, die zeit ihres Lebens für ein Dutzend Menschen gekocht und immer nur die Reste aufgegessen hatte, aß jetzt im Gasthof! Was war in sie gefahren?

Bald darauf führte meinen Vater eine Geschäftsreise in die Nähe, und er besuchte seine Mutter.

Er traf sie im Begriffe, auszugehen. Sie nahm den Hut wieder ab und setzte ihm ein Glas Rotwein mit Zwieback vor. Sie schien ganz ausgeglichener Stimmung zu sein, weder besonders aufgekratzt noch besonders schweigsam. Sie erkundigte sich nach uns, allerdings nicht sehr eingehend, und wollte hauptsächlich wissen, ob es für die Kinder auch Kirschen gäbe. Da war sie ganz wie immer. Die Stube war natürlich peinlich sauber, und sie sah gesund aus.

Das einzige, was auf ihr neues Leben hindeutete, war, daß sie nicht mit meinem Vater auf den Gottesacker gehen wollte, das Grab ihres Mannes zu besuchen. «Du kannst allein hingehen», sagte sie beiläufig, «es ist das dritte von links in der elften Reihe. Ich muß noch wohin.»

Der Buchdrucker erklärte nachher, daß sie wahrscheinlich zu ihrem Flickschuster mußte. Er klagte sehr.

«Ich sitze hier in diesen Löchern mit den Meinen und habe nur noch fünf Stunden Arbeit und schlechtbezahlte, dazu macht mir mein Asthma wieder zu schaffen, und das Haus in der Hauptstraße steht leer.»

Mein Vater hatte im Gasthof ein Zimmer genommen, aber erwartet, daß er zum Wohnen doch von seiner Mutter eingeladen werden würde, wenigstens pro forma, aber sie sprach nicht davon. Und sogar als das Haus voll gewesen war, hatte sie immer etwas dagegen gehabt, daß er nicht bei ihnen wohnte und dazu das Geld für das Hotel ausgab!

Aber sie schien mit ihrem Familienleben abgeschlossen zu haben und neue Wege zu gehen, jetzt, wo ihr Leben sich neigte. Mein Vater, der eine gute Portion Humor besaß, fand sie «ganz munter» und sagte meinem Onkel, er solle die alte Frau machen lassen, was sie wolle.

Aber was wollte sie?

Das nächste, was berichtet wurde, war, daß sie eine Bregg bestellt hatte und nach einem Ausflugsort gefahren war, an einem gewöhnlichen Donnerstag. Eine Bregg war ein großes, hochrädriges Pferdegefährt mit Plätzen für ganze Familien. Einige wenige Male, wenn wir Enkelkinder zu Besuch gekommen waren, hatte Großvater die Bregg gemietet. Großmutter war immer zu Hause geblieben. Sie hatte es mit einer wegwerfenden Handbewegung abgelehnt, mitzukommen.

Und nach der Bregg kam die Reise nach K., einer größeren Stadt, etwa zwei Eisenbahnstunden entfernt. Dort war ein Pferderennen, und zu dem Pferderennen fuhr meine Großmutter.

Der Buchdrucker war jetzt durch und durch alarmiert. Er wollte einen Arzt hinzugezogen haben. Mein Vater schüttelte den Kopf, als er den Brief las, lehnte aber die Hinzuziehung eines Arztes ab.

Nach K. war meine Großmutter nicht allein gefahren. Sie hatte ein junges Mädchen mitgenommen, eine halb Schwachsinnige, wie der Buchdrucker schrieb, das Küchenmädchen des Gasthofs, in dem die Greisin jeden zweiten Tag speiste.

Dieser «Krüppel» spielte von jetzt an eine Rolle.

Meine Großmutter schien einen Narren an ihr gefressen zu haben. Sie nahm sie mit ins Kino und zum Flickschuster, der sich übrigens als Sozialdemokrat herausgestellt hatte, und es ging das Gerücht, daß die beiden Frauen bei einem Glas Rotwein in der Küche Karten spielten.

«Sie hat dem Krüppel jetzt einen Hut gekauft mit Rosen drauf», schrieb der Buchdrucker verzweifelt. «Und unsere Anna hat kein Kommunionskleid!»

Die Briefe meines Onkels wurden ganz hysterisch, handelten nur von der «unwürdigen Aufführung unserer lieben Mutter» und gaben sonst nichts mehr her. Das Weitere habe ich von meinem Vater.

Der Gastwirt hatte ihm mit Augenzwinkern zugeraunt: «Frau B. amüsiert sich ja jetzt, wie man hört.»

In Wirklichkeit lebte meine Großmutter auch diese letzten Jahre keinesfalls üppig. Wenn sie nicht im Gasthof aß, nahm sie meist nur ein wenig Eierspeise zu sich, etwas Kaffee und vor allem ihren geliebten Zwieback. Dafür leistete sie sich einen billigen Rotwein, von dem sie zu allen Mahlzeiten ein kleines Glas trank. Das Haus hielt sie sehr rein, und nicht nur die Schlafstube und die Küche, die sie benutzte. Jedoch nahm sie darauf ohne Wissen ihrer Kinder eine Hypothek auf. Es kam niemals heraus, was sie mit dem Geld machte. Sie scheint es dem Flickschuster gegeben zu haben. Er zog nach ihrem Tod in eine andere Stadt und soll dort ein größeres Geschäft für Maßschuhe eröffnet haben.

Genau betrachtet lebte sie hintereinander zwei Leben. Das eine, erste, als Tochter, als Frau und als Mutter, und das zweite einfach als Frau B., eine alleinstehende Person ohne Verpflichtungen und mit bescheidenen, aber ausreichenden Mitteln. Das erste Leben dauerte etwa sechs Jahrzehnte, das zweite nicht mehr als zwei Jahre.

Mein Vater brachte in Erfahrung, daß sie im letzten halben Jahr sich gewisse Freiheiten gestattete, die normale Leute gar nicht kennen. So konnte sie im Sommer früh um drei Uhr aufstehen und durch die leeren Straßen des Städtchens spazieren, das sie so für sich ganz allein hatte. Und den Pfarrer, der sie besuchen kam, um der alten Frau in ihrer Vereinsamung Gesellschaft zu leisten, lud sie, wie allgemein behauptet wurde, ins Kino ein!

Sie war keineswegs vereinsamt. Bei dem Flickschuster verkehrten anscheinend lauter lustige Leute, und es wurde viel erzählt. Sie hatte dort immer eine Flasche ihres eigenen Rotweins stehen, und daraus trank sie ihr Gläschen, während die anderen erzählten und über die würdigen Autoritäten der Stadt loszogen. Dieser Rotwein blieb für sie reserviert, jedoch brachte sie mitunter der Gesellschaft stärkere Getränke mit.

Sie starb ganz unvermittelt an einem Herbstnachmittag in ihrem

Schlafzimmer, aber nicht im Bett, sondern auf dem Holzstuhl am Fenster. Sie hatte den «Krüppel» für den Abend ins Kino eingeladen, und so war das Mädchen bei ihr, als sie starb. Sie war vierundsiebzig Jahre alt.

Ich habe eine Photographie von ihr gesehen, die sie auf dem Totenbett zeigt und die für die Kinder angefertigt worden war.

Man sieht ein winziges Gesichtchen mit vielen Falten und einen schmallippigen, aber breiten Mund. Viel Kleines, aber nichts Kleinliches. Sie hatte die langen Jahre der Knechtschaft und die kurzen Jahre der Freiheit ausgekostet und das Brot des Lebens aufgezehrt bis auf den letzten Brosamen.

LEGENDE VON DER ENTSTEHUNG DES BUCHES TAOTEKING AUF DEM WEGE DES LAOTSE IN DIE EMIGRATION

1

Als er siebzig war und war gebrechlich,
Drängte es den Lehrer doch nach Ruh,
Denn die Güte war im Lande wieder einmal schwächlich,
Und die Bosheit nahm an Kräften wieder einmal zu.
Und er gürtete den Schuh.

2

Und er packte ein, was er so brauchte:
Wenig. Doch es wurde dies und das.
So die Pfeife, die er immer abends rauchte,
Und das Büchlein, das er immer las.
Weißbrot nach dem Augenmaß.

3

Freute sich des Tals noch einmal und vergaß es,
Als er ins Gebirg den Weg einschlug.
Und sein Ochse freute sich des frischen Grases,
Kauend, während er den Alten trug.
Denn dem ging es schnell genug.

4

Doch am vierten Tag im Felsgesteine
Hat ein Zöllner ihm den Weg verwehrt:
«Kostbarkeiten zu verzollen?» – «Keine.»
Und der Knabe, der den Ochsen führte, sprach: «Er hat ge-
      lehrt.»
Und so war auch das erklärt.

5

Doch der Mann, in einer heitren Regung,
Fragte noch: «Hat er was rausgekriegt?»
Sprach der Knabe: «Daß das weiche Wasser in Bewegung
Mit der Zeit den mächtigen Stein besiegt.
Du verstehst, das Harte unterliegt.»

6

Daß er nicht das letzte Tageslicht verlöre,
Trieb der Knabe nun den Ochsen an.
Und die drei verschwanden schon um eine schwarze Föhre,
Da kam plötzlich Fahrt in unsern Mann,
Und er schrie: «He, du! Halt an!

7

Was ist das mit diesem Wasser, Alter?»
Hielt der Alte: «Interessiert es dich?»
Sprach der Mann: «Ich bin nur Zollverwalter,
Doch wer wen besiegt, das interessiert auch mich.
Wenn du's weißt, dann sprich!

Schreib mir's auf! Diktier es diesem Kinde!
So was nimmt man doch nicht mit sich fort.
Da gibt's doch Papier bei uns und Tinte,
Und ein Nachtmahl gibt es auch: ich wohne dort.
Nun, ist das ein Wort?»

9

Über seine Schulter sah der Alte
Auf den Mann: Flickjoppe. Keine Schuh.
Und die Stirne eine einzige Falte.
Ach, kein Sieger trat da auf ihn zu.
Und er murmelte: «Auch du?»

10

Eine höfliche Bitte abzuschlagen,
War der Alte, wie es schien, zu alt.
Denn er sagte laut: «Die etwas fragen,
die verdienen Antwort.» Sprach der Knabe: «Es wird auch
        schon kalt.»
«Gut, ein kleiner Aufenthalt.»

11

Und von seinem Ochsen stieg der Weise,
Sieben Tage schrieben sie zu zweit.
Und der Zöllner brachte Essen (und er fluchte nur noch leise
Mit den Schmugglern in der ganzen Zeit).
Und dann war's so weit.

Und dem Zöllner händigte der Knabe
Eines Morgens einundachtzig Sprüche ein,
Und mit Dank für eine kleine Reisegabe,
Bogen sie um jene Föhre ins Gestein.
Sagt jetzt: Kann man höflicher sein?

Aber rühmen wir nicht nur den Weisen,
Dessen Name auf dem Buche prangt!
Denn man muß dem Weisen seine Weisheit erst entreißen.
Darum sei der Zöllner auch bedankt:
Er hat sie ihm abverlangt.

GESCHICHTEN
VOM HERRN KEUNER

Herr K. und die Natur

Befragt über sein Verhältnis zur Natur, sagte Herr K.: «Ich würde gern mitunter aus dem Haus tretend ein paar Bäume sehen. Besonders da sie durch ihr der Tages- und Jahreszeit entsprechendes Andersaussehen einen so besonderen Grad von Realität erreichen. Auch verwirrt es uns in den Städten mit der Zeit, immer nur Gebrauchsgegenstände zu sehen, Häuser und Bahnen, die unbewohnt leer, unbenutzt sinnlos wären. Unsere eigentümliche Gesellschaftsordnung läßt uns ja auch die Menschen zu solchen Gebrauchsgegenständen zählen, und da haben Bäume wenigstens für mich, der ich kein Schreiner bin, etwas beruhigend Selbständiges, von mir Absehendes, und ich hoffe sogar, sie haben selbst für die Schreiner einiges an sich, was nicht verwertet werden kann.»
(Herr K. sagte auch: «Es ist nötig für uns, von der Natur einen sparsamen Gebrauch zu machen. Ohne Arbeit in der Natur weilend, gerät man leicht in einen krankhaften Zustand, etwas wie Fieber befällt einen.»)

Organisation

Herr K. sagte einmal: «Der Denkende benützt kein Licht zuviel, kein Stück Brot zuviel, keinen Gedanken zuviel.»

Form und Stoff

Herr K. betrachtete ein Gemälde, das einigen Gegenständen eine sehr eigenwillige Form verlieh. Er sagte: «Einigen Künstlern geht es, wenn sie die Welt betrachten, wie vielen Philosophen. Bei der Bemühung um die Form geht der Stoff verloren. Ich arbeitete einmal bei einem Gärtner. Er händigte mir eine Gartenschere aus und hieß mich einen Lorbeerbaum beschneiden. Der Baum stand in einem Topf und wurde zu Festlichkeiten ausgeliehen. Dazu mußte er die Form einer Kugel haben. Ich begann sogleich mit dem Abschneiden der wilden Triebe, aber wie sehr ich mich auch mühte, die Kugelform zu erreichen, es wollte mir lange nicht gelingen. Einmal hatte ich auf der einen, einmal auf der andern Seite zu viel weggestutzt. Als es endlich eine Kugel geworden war, war die Kugel sehr klein.» Der Gärtner sagte enttäuscht: «Gut, das ist die Kugel, aber wo ist der Lorbeer?»

Freundschaftsdienste

Als Beispiel für die richtige Art, Freunden einen Dienst zu erweisen, gab Herr K. folgende Geschichte zum besten. Zu einem alten Araber kamen drei junge Leute und sagten ihm: «Unser Vater ist gestorben. Er hat uns siebzehn Kamele hinterlassen und im Testament verfügt, daß der Älteste die Hälfte der Zweite ein Drittel und der Jüngste ein Neuntel der Kamele bekommen soll. Jetzt können wir uns über die Teilung nicht einigen; übernimm du die Entscheidung!» Der Araber dachte nach und sagte: «Wie ich es sehe, habt ihr, um gut teilen zu können, ein Kamel zuwenig. Ich habe selbst nur ein einziges Kamel, aber es steht euch zur Verfügung. Nehmt es und teilt dann, und bringt mir nur, was übrigbleibt.» Sie bedankten sich für diesen Freundschaftsdienst, nahmen das Kamel mit und teilten die achtzehn Kamele nun so, daß der Älteste die Hälfte, das sind neun, der Zweite ein Drittel, das sind sechs, und der Jüngste ein Neuntel, das sind zwei Kamele, bekam. Zu ihrem Erstaunen blieb, als sie ihre Kamele zur Seite geführt hatten, ein Kamel übrig. Dieses brachten sie, ihren Dank erneuernd, ihrem alten Freund zurück.
Herr K. nannte diesen Freundschaftsdienst richtig, weil er keine besonderen Opfer verlangte.

Verläßlichkeit

Herr K., der für die Ordnung der menschlichen Beziehungen war, blieb zeit seines Lebens in Kämpfe verwickelt. Eines Tages geriet er wieder einmal in eine unangenehme Sache, die es nötig machte, daß er nachts mehrere Treffpunkte in der Stadt aufsuchen mußte, die weit auseinanderlagen. Da er krank war, bat er einen Freund um seinen Mantel. Der versprach ihn ihm, obwohl er dadurch selbst eine kleine Verabredung absagen mußte. Gegen Abend nun verschlimmerte sich Herrn K.s Lage so, daß die Gänge ihm nichts mehr nützten und ganz anderes nötig wurde. Dennoch und trotz des Zeitmangels holte Herr K., eifrig, die Verabredung auch seinerseits einzuhalten, den unnütz gewordenen Mantel pünktlich ab.

Der hilflose Knabe

Herr K. sprach über die Unart, erlittenes Unrecht stillschweigend in sich hineinzufressen, und erzählte folgende Geschichte: «Einen vor sich hinweinenden Jungen fragte ein Vorübergehender nach dem Grund seines Kummers. ‹Ich hatte zwei Groschen für das Kino beisammen›, sagte der Knabe, ‹da kam ein Junge und riß mir einen aus der Hand›, und er zeigte auf einen Jungen, der in einiger Entfernung zu sehen war. ‹Hast du denn nicht um Hilfe geschrien?› fragte der Mann. ‹Doch›, sagte der Junge und schluchzte ein wenig stärker. ‹Hat dich niemand gehört?› fragte ihn der Mann weiter, ihn liebevoll streichelnd. ‹Nein›, schluchzte der Junge. ‹Kannst du denn nicht lauter schreien?› fragte der Mann. ‹Dann gib auch den her.› Nahm ihm den letzten Groschen aus der Hand und ging unbekümmert weiter.»

Die Frage, ob es einen Gott gibt

Einer fragte Herrn K., ob es einen Gott gäbe. Herr K. sagte: «Ich rate dir, nachzudenken, ob dein Verhalten je nach der Antwort auf diese Frage sich ändern würde. Würde es sich nicht ändern, dann können wir die Frage fallenlassen. Würde es sich ändern, dann kann ich dir wenigstens noch so weit behilflich sein, daß ich dir sage, du hast dich schon entschieden: Du brauchst einen Gott.»

Gespräche

«Wir können nicht mehr miteinander sprechen», sagte Herr K. zu einem Mann. «Warum?» fragte der erschrocken. «Ich bringe in Ihrer Gegenwart nichts Vernünftiges hervor», beklagte sich Herr K. «Aber das macht mir doch nichts», tröstete ihn der andere. – «Das glaube ich», sagte Herr K. erbittert, «aber mir macht es etwas.»

Gastfreundschaft

Wenn Herr K. Gastfreundschaft in Anspruch nahm, ließ er seine Stube, wie er sie antraf, denn er hielt nichts davon, daß Personen ihrer Umgebung den Stempel aufdrückten. Im Gegenteil bemühte er sich, sein Wesen so zu ändern, daß es zu der Behausung paßte; allerdings durfte, was er gerade vorhatte, nicht darunter leiden. Wenn Herr K. Gastfreundschaft gewährte, rückte er mindestens einen Stuhl oder einen Tisch von seinem bisherigen Platz an einen andern, so auf seinen Gast eingehend. «Und es ist besser, ich entscheide, was zu ihm paßt!» sagte er.

Herr K. in einer fremden Behausung

Eine fremde Behausung betretend, sah Herr K., bevor er sich zur Ruhe begab, nach den Ausgängen des Hauses und sonst nichts. Auf eine Frage antwortete er verlegen: «Das ist eine alte leidige Gewohnheit. Ich bin für die Gerechtigkeit; da ist es gut, wenn meine Wohnung mehr als einen Ausgang hat.»

Weise am Weisen ist die Haltung

Zu Herrn K. kam ein Philosophieprofessor und erzählte ihm von seiner Weisheit. Nach einer Weile sagte Herr K. zu ihm: «Du sitzt unbequem, du redest unbequem, du denkst unbequem.» Der Philosophieprofessor wurde zornig und sagte: «Nicht über mich wollte ich etwas wissen, sondern über den Inhalt dessen, was ich sagte.» «Es hat keinen Inhalt», sagte Herr K. «Ich sehe dich täppisch gehen, und es ist kein Ziel, das du, während ich dich gehen sehe, erreichst. Du redest dunkel, und es ist keine Helle, die du während des Redens schaffst. Sehend deine Haltung, interessiert mich dein Ziel nicht.»

Wenn Herr K. einen Menschen liebte

«Was tun Sie», wurde Herr K. gefragt, «wenn Sie einen Menschen lieben?» «Ich mache einen Entwurf von ihm», sagte Herr K., «und sorge, daß er ihm ähnlich wird.» «Wer? Der Entwurf?» «Nein», sagte Herr K., «der Mensch.»

Herr K. und die Konsequenz

Eines Tages stellte Herr K. einem seiner Freunde folgende Frage: «Ich verkehre seit kurzem mit einem Mann, der mir gegenüber wohnt. Jetzt habe ich keine Lust mehr, mit ihm zu verkehren; jedoch fehlt mir nicht nur ein Grund für den Verkehr, sondern auch für die Trennung. Nun habe ich entdeckt, daß er, als er kürzlich das kleine Haus, das er bisher nur gemietet hatte, kaufte, sogleich einen Pflaumenbaum vor seinem Fenster, der ihm Licht wegnahm, umschlagen ließ, obwohl die Pflaumen erst halb reif waren. Soll ich nun dies als Grund nehmen, den Verkehr mit ihm abzubrechen, wenigstens nach außen hin oder wenigstens nach innen hin?» Einige Tage darauf erzählte Herr K. seinem Freund: «Ich habe den Verkehr mit dem Burschen jetzt abgebrochen; denken Sie sich, er hatte schon seit Monaten von dem damaligen Besitzer des Hauses verlangt, daß der Baum abgehauen würde, der ihm das Licht wegnahm. Der aber wollte es nicht tun, weil er die Früchte noch haben wollte. Und jetzt, wo das Haus auf meinen Bekannten übergegangen ist, läßt er den Baum tatsächlich abhauen, noch voll unreifer Früchte! Ich habe den Verkehr mit ihm jetzt wegen seines unkonsequenten Verhaltens abgebrochen.»

Die Vaterschaft des Gedankens

Herrn K. wurde vorgehalten, bei ihm sei allzu häufig der Wunsch Vater des Gedankens. Herr K. antwortete: «Es gab niemals einen

Gedanken, dessen Vater kein Wunsch war. Nur darüber kann man sich streiten: Welcher Wunsch? Man muß nicht argwöhnen, daß ein Kind gar keinen Vater haben könnte, um zu argwöhnen: Die Feststellung der Vaterschaft sei schwer.»

Originalität

Heute, beklagte sich Herr K., gibt es Unzählige, die sich öffentlich rühmen, ganz allein große Bücher verfassen zu können, und dies wird allgemein gebilligt. Der chinesische Philosoph Dschuang Dsi verfaßte noch im Mannesalter ein Buch von hunderttausend Wörtern, das zu neun Zehnteln aus Zitaten bestand. Solche Bücher können bei uns nicht mehr geschrieben werden, da der Geist fehlt. Infolgedessen werden Gedanken nur in eigner Werkstatt hergestellt, indem sich der faul vorkommt, der nicht genug davon fertigbringt. Freilich gibt es dann auch keinen Gedanken, der übernommen werden, und auch keine Formulierung eines Gedankens, der zitiert werden könnte. Wie wenig brauchen diese alle zu ihrer Tätigkeit! Ein Federhalter und etwas Papier ist das einzige, was sie vorzeigen können! Und ohne jede Hilfe, nur mit dem kümmerlichen Material, das ein einzelner auf seinen Armen herbeischaffen kann, errichten sie ihre Hütten! Größere Gebäude kennen sie nicht, als solche, die ein einziger zu bauen imstande ist!

Erfolg

Herr K. sah eine Schauspielerin vorbeigehen und sagte: «Sie ist schön.» Sein Begleiter sagte: «Sie hat neulich Erfolg gehabt, weil sie schön ist.» Herr K. ärgerte sich und sagte: «Sie ist schön, weil sie Erfolg gehabt hat.»

Über die Störung des «Jetzt für das Jetzt»

Eines Tages zu Gast bei einigermaßen fremden Leuten, entdeckte Herr K., daß seine Wirte auf einem kleinen Tisch in der Ecke des Schlafzimmers vom Bett aus sichtbar schon das Geschirr für das Frühstück niedergestellt hatten. Er beschäftigte sich damit noch, nachdem er zunächst seine Wirte in Gedanken gelobt hat, daß sie eilten, mit ihm fertig zu werden. Er überlegt, ob auch er selbst das Geschirr für das Frühstück nachts vor dem Zubettgehen bereitstellen würde. Nach einigem Nachdenken findet er es für sich zu bestimmten Zeiten richtig. Ebenfalls richtig findet er es, daß auch andere sich gelegentlich für einige Zeit mit dieser Frage befassen.

Herr K. und die Katzen

Herr K. liebte die Katzen nicht. Sie schienen ihm keine Freunde der Menschen zu sein; also war er auch nicht ihr Freund. «Hätten wir gleiche Interessen», sagte er, «dann wäre mir ihre feindselige Haltung gleichgültig.» Aber Herr K. verscheuchte die Katzen nur ungern von seinem Stuhl. «Sich zur Ruhe zu legen, ist eine Arbeit», sagte er; «sie soll Erfolg haben.» Auch wenn Katzen vor seiner Tür jaulten, stand er auf vom Lager, selbst bei Kälte, und ließ sie in die Wärme ein. «Ihre Rechnung ist einfach», sagte er, «wenn sie rufen, öffnet man ihnen. Wenn man ihnen nicht mehr öffnet, rufen sie nicht mehr. Rufen, das ist ein Fortschritt.»

Herrn K.s Lieblingstier

Als Herr K. gefragt wurde, welches Tier er vor allen schätze, nannte er den Elefanten und begründete dies so: Der Elefant vereint List mit Stärke. Das ist nicht die kümmerliche List, die ausreicht, einer Nachstellung zu entgehen oder ein Essen zu ergattern, indem man nicht auffällt, sondern die List, welcher die Stärke für große Unternehmungen zur Verfügung steht. Wo dieses Tier war, führt eine breite Spur. Dennoch ist es gutmütig, es versteht Spaß. Es ist ein guter Freund, wie es ein guter Feind ist. Sehr groß und schwer, ist es doch auch sehr schnell. Sein Rüssel führt einem enormen Körper auch die kleinsten Speisen zu, auch Nüsse. Seine Ohren sind verstellbar: Er hört nur, was ihm paßt. Er wird auch sehr alt. Er ist auch gesellig, und dies nicht nur zu Elefanten. Überall ist er sowohl beliebt als auch gefürchtet. Eine gewisse Komik macht es möglich, daß er sogar verehrt werden kann. Er hat eine dicke Haut, darin zerbrechen die Messer; aber sein Gemüt ist zart. Er kann traurig

werden. Er kann zornig werden. Er tanzt gern. Er stirbt im Dik-
kicht. Er liebt Kinder und andere kleine Tiere. Er ist grau und fällt
nur durch seine Masse auf. Er ist nicht eßbar. Er kann gut arbeiten.
Er trinkt gern und wird fröhlich. Er tut etwas für die Kunst: Er lie-
fert Elfenbein.

Das Altertum

Vor einem Bild des Malers Lundström, einige Wasserkannen dar-
stellend, sagte Herr K.: «Ein Bild aus dem Altertum, aus einem
barbarischen Zeitalter! Damals kannten die Menschen wohl nichts
mehr auseinander, das Runde erschien nicht mehr rund, das Spitze
nicht mehr spitz. Die Maler mußten es wieder zurechtrücken und
den Kunden etwas Bestimmtes, Eindeutiges, Festgeformtes zeigen;
sie sahen so viel Undeutliches, Fließendes, Zweifelhaftes, sie waren
so sehr ausgehungert nach Unbestechlichkeit, daß sie einem Mann
schon zujubelten, wenn er sich seine Narrheit nicht abkaufen ließ.
Die Arbeit war unter viele verteilt, das sieht man an diesem Bild.
Diejenigen, welche die Form bestimmten, kümmerten sich nicht um
den Zweck der Gegenstände; aus dieser Kanne kann man kein
Wasser eingießen. Es muß damals viele Menschen gegeben haben,
welche ausschließlich als Gebrauchsgegenstände betrachtet wurden.
Auch dagegen mußten die Künstler sich zur Wehr setzen. Ein bar-
barisches Zeitalter, das Altertum!» Herr K. wurde darauf aufmerk-
sam gemacht, daß das Bild aus der Gegenwart stammte. «Ja», sagte
Herr K. traurig, «aus dem Altertum.»

Rechtsprechung

Herr K. nannte oft als in gewisser Weise vorbildlich eine Rechtsvor-
schrift des alten China, nach der für große Prozesse die Richter aus
entfernten Provinzen herbeigeholt wurden. So konnten sie nämlich
viel schwerer bestochen werden (und mußten also weniger unbestechlich sein), da die ortsansässigen Richter über ihre Unbestechlichkeit wachten – also Leute, die gerade in dieser Beziehung sich
genau auskannten und ihnen übelwollten. Auch kannten diese her-
beigeholten Richter die Gebräuche und Zustände der Gegend nicht

aus der alltäglichen Erfahrung. Unrecht gewinnt o Rechtscharakter einfach dadurch, daß es häufig vorkommt. Die Neuen mußten
sich alles neu berichten lassen; wodurch sie das Auffällige daran
wahrnahmen. Und endlich waren sie nicht gezwungen, um der
Tugend der Objektivität willen, viele andere Tugenden wie die
Dankbarkeit, die Kindesliebe, die Arglosigkeit gegen die nächsten
Bekannten zu verletzen oder so viel Mut zu haben, sich unter ihrer Umgebung Feinde zu machen.

Eine gute Antwort

Ein Prolet wurde vor Gericht gefragt, ob er die weltliche oder die
kirchliche Form des Eides benutzen wolle. Er antwortete: «Ich bin
arbeitslos.» «Dies war nicht nur Zerstreutheit», sagte Herr K.
«Durch diese Antwort gab er zu erkennen, daß er sich in einer Lage befand, wo solche Fragen, ja vielleicht das ganze Gerichtsverfahren als solches keinen Sinn mehr haben.»

Sokrates

Nach der Lektüre eines Buches über die Geschichte der Philosophie
äußerte sich Herr K. abfällig über die Versuche der Philosophen,
die Dinge als grundsätzlich unerkennbar hinzustellen. «Als die
Sophisten vieles zu wissen behaupteten, ohne etwas studiert zu haben», sagte er, «trat der Sophist Sokrates hervor mit der arroganten
Behauptung, er wisse, daß er nichts wisse. Man hätte erwartet, daß
er seinem Satz anfügen würde: denn auch ich habe nichts studiert.
(Um etwas zu wissen, müssen wir studieren.) Aber er scheint nicht
weitergesprochen zu haben, und vielleicht hätte auch der unermeßliche Beifall, der nach seinem ersten Satz losbrach und der zweitausend Jahre dauerte, jeden weiteren Satz verschluckt.»

Der Gesandte

Neulich sprach ich mit Herrn K. über den Fall des Gesandten einer
fremden Macht, Herrn X., der in unserm Land gewisse Aufträge
seiner Regierung ausgeführt hatte und nach seiner Rückkehr, wie

wir mit Bedauern erfuhren, streng gemaßregelt wurde, obgleich er
mit großen Erfolgen zurückgekehrt war. «Es wurde ihm vorgehalten, daß er, um seine Aufträge auszuführen, sich allzu tief mit uns,
den Feinden, eingelassen habe», sagte ich. «Glauben Sie denn, er
hätte ohne ein solches Verhalten Erfolg haben können?» – «Sicher
nicht», sagte Herr K., «er mußte gut essen, um mit seinen Feinden
verhandeln zu können, er mußte Verbrechern schmeicheln und sich
über sein Land lustig machen, um sein Ziel zu erreichen.» – «Dann
hat er also richtig gehandelt?» fragte ich. «Ja, natürlich», sagte Herr
K. zerstreut. «Er hat da richtig gehandelt.» Und Herr K. wollte sich
von mir verabschieden. Ich hielt ihn jedoch am Ärmel zurück.
«Warum wurde er dann mit dieser Verachtung bedacht, als er zu-
rückkam?» rief ich empört. «Er wird wohl an das gute Essen sich
gewöhnt, den Verkehr mit Verbrechern fortgesetzt haben und in
seinem Urteil unsicher geworden sein», sagte Herr K. gleichgültig,
«und da mußten sie ihn maßregeln.» «Und das war Ihrer Meinung
nach von ihnen richtig gehandelt?» fragte ich entsetzt. – «Ja, natürlich, wie sollten sie sonst handeln?» sagte Herr K. «Er hatte
den Mut und das Verdienst, eine tödliche Aufgabe zu übernehmen.
Dabei starb er. Sollten sie ihn nun, anstatt ihn zu begraben, in der
Luft verfaulen lassen und den Gestank ertragen?»

Der natürliche Eigentumstrieb

Als jemand in einer Gesellschaft den Eigentumstrieb natürlich
nannte, erzählte Herr K. die folgende Geschichte von den alteinge-
sessenen Fischern: An der Südküste von Island gibt es Fischer, die
das dortige Meer vermittels festverankerter Bojen in einzelne Stük-
ke zerlegt und unter sich aufgeteilt haben. An diesen Wasserfel-
dern hängen sie mit großer Liebe als an ihrem Eigentum. Sie fühlen sich mit ihnen verwachsen, würden sie, auch wenn keine Fische
mehr darin zu finden wären, niemals aufgeben und verachten die
Bewohner der Hafenstädte, an die sie, was sie fischen, verkaufen,
da diese ihnen als ein oberflächliches, der Natur entwöhntes Ge-
schlecht vorkommen. Sie selbst nennen sich wasserständig. Wenn
sie größere Fische fangen, behalten sie dieselben bei sich in Botti-
chen, geben ihnen Namen und hängen sehr an ihnen als an ihrem

Eigentum. Seit einiger Zeit soll es ihnen wirtschaftlich schlecht gehen, jedoch weisen sie alle Reformbestrebungen mit Entschiedenheit zurück, so daß schon mehrere Regierungen, die ihre Gewohnheiten mißachteten, von ihnen gestürzt wurden. Solche Fischer beweisen unwiderlegbar die Macht des Eigentumstriebes, dem der Mensch von Natur aus unterworfen ist.

Wenn die Haifische Menschen wären

«Wenn die Haifische Menschen wären», fragte Herrn K. die kleine Tochter seiner Wirtin, «wären sie dann netter zu den kleinen Fischen?» «Sicher», sagte er. «Wenn die Haifische Menschen wären, würden sie im Meer für die kleinen Fische gewaltige Kästen bauen lassen, mit allerhand Nahrung drin, sowohl Pflanzen als auch Tierzeug. Sie würden sorgen, daß die Kästen immer frisches Wasser hätten, und sie würden überhaupt allerhand sanitäre Maßnahmen treffen. Wenn zum Beispiel ein Fischlein sich die Flosse verletzen würde, dann würde ihm sogleich ein Verband gemacht, damit es den Haifischen nicht wegstürbe vor der Zeit. Damit die Fischlein nicht trübsinnig würden, gäbe es ab und zu große Wasserfeste; denn lustige Fischlein schmecken besser als trübsinnige. Es gäbe natürlich auch Schulen in den großen Kästen. In diesen Schulen würden die Fischlein lernen, wie man in den Rachen der Haifische schwimmt. Sie würden zum Beispiel Geographie brauchen, damit sie die großen Haifische, die faul irgendwo liegen, finden könnten. Die Hauptsache wäre natürlich die moralische Ausbildung der Fischlein. Sie würden unterrichtet werden, daß es das Größte und Schönste sei, wenn ein Fischlein sich freudig aufopfert, und daß sie alle an die Haifische glauben müßten, vor allem, wenn sie sagten, sie würden für eine schöne Zukunft sorgen. Man würde den Fischlein beibringen, daß diese Zukunft nur gesichert sei, wenn sie Gehorsam lernten. Vor allen niedrigen, materialistischen, egoistischen und marxistischen Neigungen müßten sich die Fischlein hüten und es sofort den Haifischen melden, wenn eines von ihnen solche Neigungen verriete. Wenn die Haifische Menschen wären, würden sie natürlich auch untereinander Kriege führen, um fremde Fischkästen und fremde Fischlein zu erobern. Die Kriege würden

sie von ihren eigenen Fischlein führen lassen. Sie würden die Fischlein lehren, daß zwischen ihnen und den Fischlein der anderen Haifische ein riesiger Unterschied bestehe. Die Fischlein, würden sie
verkünden, sind bekanntlich stumm, aber sie schweigen in ganz
verschiedenen Sprachen und können einander daher unmöglich verstehen. Jedem Fischlein, das im Krieg ein paar andere Fischlein,
feindliche, in anderer Sprache schweigende Fischlein tötete, würden
sie einen kleinen Orden aus Seetang anheften und den Titel Held
verleihen. Wenn die Haifische Menschen wären, gäbe es bei ihnen
natürlich auch eine Kunst. Es gäbe schöne Bilder, auf denen die
Zähne der Haifische in prächtigen Farben, ihre Rachen als reine
Lustgärten, in denen es sich prächtig tummeln läßt, dargestellt wären. Die Theater auf dem Meeresgrund würden zeigen, wie helden-
mütige Fischlein begeistert in die Haifischrachen schwimmen, und
die Musik wäre so schön, daß die Fischlein unter ihren Klängen, die
Kapelle voran, träumerisch, und in allerangenehmste Gedanken
eingelullt, in die Haifischrachen strömten. Auch eine Religion gäbe
es ja, wenn die Haifische Menschen wären. Sie würde lehren, daß
die Fischlein erst im Bauch der Haifische richtig zu leben begännen.
Übrigens würde es auch aufhören, wenn die Haifische Menschen
wären, daß alle Fischlein, wie es jetzt ist, gleich sind. Einige von
ihnen würden Ämter bekommen und über die anderen gesetzt werden. Die ein wenig größeren dürften sogar die kleineren auffres-
sen. Das wäre für die Haifische nur angenehm, da sie dann selber
öfter größere Brocken zu fressen bekämen. Und die größern, Posten
habenden Fischlein würden für die Ordnung unter den Fischlein
sorgen, Lehrer, Offiziere, Ingenieure im Kastenbau usw. werden.
Kurz, es gäbe überhaupt erst eine Kultur im Meer, wenn die Haifische Menschen wären.»

Das Lob

Als Herr K. hörte, daß er von früheren Schülern gelobt wurde, sagte er: «Nachdem die Schüler schon längst die Fehler des Meisters
vergessen haben, erinnert er selbst sich noch immer daran.»

Herr K. wartete auf etwas einen Tag, dann eine Woche, dann noch einen Monat. Am Schlusse sagte er: «Einen Monat hätte ich ganz gut warten können, aber nicht diesen Tag und diese Woche.»

Der Zweckdiener

Herr K. stellte die folgenden Fragen:
«Jeden Morgen macht mein Nachbar Musik auf einem Grammophonkasten. Warum macht er Musik? Ich höre, weil er turnt. Warum turnt er? Weil er Kraft benötigt, höre ich. Wozu benötigt er Kraft? Weil er seine Feinde in der Stadt besiegen muß, sagt er. Warum muß er Feinde besiegen? Weil er essen will, höre ich.»
Nachdem Herr K. dies gehört hatte, daß sein Nachbar Musik mache, um zu turnen, turne, um kräftig zu sein, kräftig sein wolle, um seine Feinde zu erschlagen, seine Feinde erschlage, um zu essen, stellte er seine Frage: «Warum ißt er?»

Die Kunst, nicht zu bestechen

Herr K. empfahl einen Mann an einen Kaufmann, seiner Unbestechlichkeit wegen. Nach zwei Wochen kam der Kaufmann wieder zu Herrn K. und fragte ihn: «Was hast du gemeint mit Unbestechlichkeit?» Herr K. sagte: «Wenn ich sage, der Mann, den du anstellst, ist unbestechlich, meine ich damit: du kannst ihn nicht bestechen.» «So», sagte der Kaufmann betrübt, «nun, ich habe Grund, zu fürchten, daß sich dein Mann sogar von meinen Feinden bestechen läßt.» «Das weiß ich nicht», sagte Herr K. uninteressiert. «Mir aber», rief der Kaufmann erbittert, «redet er immerfort nach dem Mund, also läßt er sich auch von mir bestechen!» Herr K. lächelte eitel. «Von mir läßt er sich nicht bestechen», sagte er.

Vaterlandsliebe, der Haß gegen Vaterländer

Herr K. hielt es nicht für nötig, in einem bestimmten Lande zu leben. Er sagte: «Ich kann überall hungern.» Eines Tages aber ging

er durch eine Stadt, die vom Feind des Landes besetzt war, in dem
er lebte. Da kam ihm entgegen ein Offizier dieses Feindes und
zwang ihn, vom Bürgersteig herunterzugehen. Herr K. ging herunter und nahm an sich wahr, daß er gegen diesen Mann empört war,
und zwar nicht nur gegen diesen Mann, sondern besonders gegen
das Land, dem der Mann angehörte, also daß er wünschte, es möchte vom Erdboden vertilgt werden. «Wodurch», fragte Herr K.,
«bin ich für diese Minute ein Nationalist geworden? Dadurch, daß
ich einem Nationalisten begegnete. Aber darum muß man die
Dummheit ja ausrotten, weil sie dumm macht, die ihr begegnen.»

Hungern

Herr K. hatte anläßlich einer Frage nach dem Vaterland die Antwort gegeben: «Ich kann überall hungern.» Nun fragte ihn ein ge-
nauer Hörer, woher es komme, daß er sage, er hungere, während er
doch in Wirklichkeit zu essen habe. Herr K. rechtfertigte sich, indem er sagte: «Wahrscheinlich wollte ich sagen, ich kann überall
leben, wenn ich leben will, wo Hunger herrscht. Ich gebe zu, daß es
ein großer Unterschied ist, ob ich selber hungere oder ob ich lebe,
wo Hunger herrscht. Aber zu meiner Entschuldigung darf ich wohl
anführen, daß für mich leben, wo Hunger herrscht, wenn nicht
ebenso schlimm wie hungern, so doch wenigstens sehr schlimm ist.
Es wäre ja für andere nicht wichtig, wenn ich Hunger hätte, aber es
ist wichtig, daß ich dagegen bin, daß Hunger herrscht.»

Vorschlag, wenn der Vorschlag nicht beachtet wird

Herr K. empfahl, womöglich jedem Vorschlag zur Güte noch einen
weiteren Vorschlag beizufügen, für den Fall, daß der Vorschlag
nicht beachtet wird. Als er zum Beispiel jemandem, der in schlechter Lage war, ein bestimmtes Vorgehen angeraten hatte, das so
wenige andere schädigte wie möglich, beschrieb er noch ein anderes
Vorgehen, weniger harmlos, aber noch nicht das rücksichtsloseste.
«Wer nicht alles kann», sagte er, «dem soll man nicht das weni-
gere erlassen.»

Der unentbehrliche Beamte

Von einem Beamten, der schon ziemlich lange in seinem Amt saß, hörte Herr K. rühmenderweise, er sei unentbehrlich, ein so guter Beamter sei er. «Wieso ist er unentbehrlich?» fragte Herr K. ärgerlich. «Das Amt liefe nicht ohne ihn», sagten seine Lober. «Wie kann er da ein guter Beamter sein, wenn das Amt nicht ohne ihn liefe?» sagte Herr K., «er hat Zeit genug gehabt, sein Amt so weit zu ordnen, daß er entbehrlich ist. Womit beschäftigt er sich eigentlich? Ich will es euch sagen: mit Erpressung!»

Überzeugende Fragen

«Ich habe bemerkt», sagte Herr K., «daß wir viele abschrecken von unserer Lehre dadurch, daß wir auf alles eine Antwort wissen. Könnten wir nicht im Interesse der Propaganda eine Liste der Fragen aufstellen, die uns ganz ungelöst erscheinen?»

Mühsal der Besten

«Woran arbeiten Sie?» wurde Herr K. gefragt. Herr K. antwortete: «Ich habe viel Mühe, ich bereite meinen nächsten Irrtum vor.»

Erträglicher Affront

Ein Mitarbeiter Herrn K.s wurde beschuldigt, er nehme eine unfreundliche Haltung zu ihm ein. «Ja, aber nur hinter meinem Rücken», verteidigte ihn Herr K.

Zwei Städte

Herr K. zog die Stadt B. der Stadt A. vor. «In der Stadt A.», sagte er, «liebt man mich; aber in der Stadt B. war man zu mir freundlich. In der Stadt A. machte man sich mir nützlich; aber in der Stadt B. brauchte man mich. In der Stadt A. bat man mich an den Tisch; aber in der Stadt B. bat man mich in die Küche.»

Das Wiedersehen

Ein Mann, der Herrn K. lange nicht gesehen hatte, begrüßte ihn mit den Worten: «Sie haben sich gar nicht verändert.» «Oh!» sagte Herr K. und erbleichte.

Anmerkung

Die Gedichte «Ballade von der Judenhure Marie Sanders», «Gleichnis des Buddha vom brennenden Haus», «Ulm 1592», «Die Teppichweber von Kujan-Bulak ehren Lenin», «Fragen eines lesenden Arbeiters», «Mein Bruder war ein Flieger», «Legende von der Entstehung des Buches Taoteking auf dem Weg des Laotse in die Emigration» sind den «Svendborger Gedichten» entnommen. Die Episode mit dem Dorn in der Erzählung «Der verwundete Sokrates» hat Georg Kaiser in seinem Drama «Der gerettete Alkibiades» gestaltet. «Die Geschichten vom Herrn Keuner» waren teilweise in den «Versuchen» abgedruckt.

INHALT

Das vierte Buch wurde **Hans Falladas** größter Erfolg: 1932 erschien im Ernst Rowohlt Verlag «Kleiner Mann – was nun?». Nach jahrelanger Mittellosigkeit begann eine kurze Zeit des großen Geldes. Ab 1933 wurde es um Hans Fallada einsamer. Während Freunde und Kollegen emigrierten, glaubte er, vor den Nazis, wie er es nannte, einen «Knix» machen zu müssen, um weiterschreiben zu können. Als wollte er der wirklichen Welt entfliehen, schrieb er unermüdlich zahlreiche fesselnde Romane, wunderbare Kinderbücher und zarte Liebesgeschichten. Am 5. Februar 1947 starb Hans Fallada, körperlich zerrüttet, in Berlin.

Kleiner Mann – was nun?
Roman
(rororo 10001)

Ein Mann will nach oben
Roman
(rororo 11316)

Kleiner Mann, Großer Mann – alles vertauscht *Ein heiterer Roman*
(rororo 11244)

Wolf unter Wölfen *Roman*
(rororo 11057)

Der Trinker *Roman*
(rororo 10333)

Jeder stirbt für sich allein
Roman
(rororo 10671)

Wer einmal aus dem Blechnapf frißt *Roman*
(rororo 10054)

Bauern, Bonzen und Bomben
Roman
(rororo 10651)

Damals bei uns daheim
Erlebtes, Erfahrenes und Erfundenes
(rororo 10136)

Heute bei uns zu Haus
Erfahrenes und Erfundenes
(rororo 10232)

Süßmilch spricht *Ein Abenteuer von Murr und Maxe*
(rororo 15615)

Wir hatten mal ein Kind *Eine Geschichte und Geschichten*
(rororo 14571)

Zwei zarte Lämmchen weiß wie Schnee *Eine kleine Liebesgeschichte*
(rororo 13320)

Hans Fallada *dargestellt von Jürgen Manthey*
(bildmonographien 10078)

Heinrich Mann, der ältere Bruder Thomas Manns, wurde am 27. März 1871 als Sohn eines Lübecker Senators, Großkaufmanns und Reeders geboren. Dem genialen Spötter seiner Zeit, dem radikalen Demokraten und geschworenen Feind aller Diktatur, wurde, wie vielen anderen führenden Männern der deutschen Literatur, 1933 das bittere Schicksal der Emigration zuteil, in der er noch vor einer erhofften Rückkehr in die Heimt am 12. März 1950 in Los Angeles starb.

Professor Unrat *Roman*
(rororo 10035)
Der vorliegende Roman gilt als eine der besten Schöpfungen aus der Frühzeit des Dichters. Er erschien erstmalig im Jahre 1905 und schildert die makabere Geschichte eines professoralen Gymnasiastenschrecks, einer Spießerexistenz, die in später Leidenschaft einer Kleinstadtkurtisane verfällt und aus den gewohnten bürgerlichen Bahnen entgleist. Der Roman wurde unter dem Titel «Der blaue Engel» mit Marlene Dietrich und Emil Jannings verfilmt und zu einem der wenigen wirklichen Welterfolge des deutschen Films.

Die Jugend des Königs Henri Quatre *Roman*
(rororo 13487)
Die Vollendung des Königs Henri Quartre *Roman*
(rororo 13488)
In dem zweiteiligen Roman greift Heinrich Mann im Exil, während in Deutschland der nationalsozialistische Terror herrscht, vorsätzlich auf die in Frankreich noch immer lebendige Legende vom «guten König Henri» zurück. Die Romane gehören zu den größten Meisterwerken historischer Romanliteratur.

«Wunderbare Ermutigung, leibhaftig zu sehen: Ein Mächtiger kann auch lieben, wie dieser König seine Menschen.»
Heinrich Mann

«Er liebte die ganze Erde, und besonders Paris und New York, und floh vor sich selbst. Er zerrte am dünnen, flatternden Vorhang, der den Tag vom Nichts trennt, und suchte überall den Traum und den Rausch und die Poesie, die drei brüderlichen Illusionen der allzufrüh Ernüchterten. Er war voller nervöser Daseinslust und heimlicher Todesbegier, frühreif und unvollendet, flüchtig und ein ergebener Freund, gescheit und verspielt. Bei all seiner verbindlichen Grazie im Werk und im Leben, ward dieser leise Spötter über philiströse Moralschranken ein lauter Ankläger vor dem eigentlichen Geschäft der Welt, der Regelung des öffentlichen Lebens und der Gesellschaft. Zum Spaß war er ein Spötter, und wenn es ernst wurde, ein Idealist. Er bewies es, als ihn der Umschwung der Zeit aus einem Ästheten zu einem Moralisten machte; er bewies es im Exil.»
Hermann Kesten, 1950

Die neuen Eltern
Aufsätze, Reden, Kritiken
1924 - 1933
(rororo 12741)

Zahnärzte und Künstler
Aufsätze, Reden, Kritiken
1933 - 1936
(rororo 12742)

Das Wunder von Madrid
Aufsätze, Reden, Kritiken
1936 - 1938
(rororo 12744)

Zweimal Deutschland
Aufsätze, Reden, Kritiken
1938 - 1942
(rororo 12743)

Auf verlorenem Posten
Aufsätze, Reden, Kritiken
1942 - 1949
(rororo 12751)

Tagebücher (1931 - 1949)
Band 1-6 als Kassette
(rororo 13237)

Briefe und Antworten
1922 - 1949
(rororo 12784)

André Gide und die Krise des modernen Denkens
Essay
(rororo 15378)

Distinguished Visitors
Der amerikanische Traum
(rororo 13739)

Klaus Mann
dargestellt von
Uwe Naumann
(monographien 50332)

Die Familie Mann
dargestellt von
Hans Wißkirchen
(monographien 50630)

Als «monsieur le vivisecteur» hat **Robert Musil**, ein Großmeister der literarischen Moderne, sich selbst bezeichnet. Über zwanzig Jahre arbeitete er unaufhörlich an seinem Roman «Der Mann ohne Eigenschaften» – die längste Zeit ohne feste Stellung und geregeltes Einkommen. Musil stammte aus einer angesehenen österreichischen Beamtenfamilie, studierte Philosophie, Physik und Mathematik in Berlin, wurde aber nicht, wie der Vater wollte, Ingenieur, sondern Schriftsteller. 1933 verließ Musil Deutschland, kehrte nach Wien zurück und ging später in die Schweiz. Am 15. April 1942 starb er in Genf, ohne sein Hauptwerk vollenden zu können.

Der Mann ohne Eigenschaften
Roman Band 1: Erstes und Zweites Buch. Band 2: Aus dem Nachlaß
Hg. von Adolf Frisé
2192 Seiten. Gebunden und als rororo Band 13462 und 13463 und in der Reihe Literatur für KopfHörer; Christoph Bantzer liest; 3 Toncassetten im Schuber 66020
«Dieser Roman ist ein letztes Prunkstück österreichischen Barocks, strotzend von Überfülle, Fleisch und Kostüm, Vorhang und Hintergrund, Sinnlichkeit und Reflexion.» *Ernst Fischer*

Drei Frauen *Drei Erzählungen*
rororo 10064 und in der Reihe Literatur für KopfHörer; Otto Sanders liest; 2 Toncassetten im Schuber 66010

Die Schwärmer *Schauspiel*
rororo 15028

Nachlaß zu Lebzeiten
rororo 10500

Die Verwirrungen des Zöglings Törleß
rororo 10300 und in der Reihe Literatur für KopfHörer; Ulrich Tukur liest; 5 Toncassetten im Schuber 66015

Beitrag zur Beurteilung der Lehren Machs und Studien zur Technik und Psychotechnik
200 Seiten. Kartoniert

Frühe Prosa und aus dem Nachlaß zu Lebzeiten
Sämtliche Erzählungen
384 Seiten. Gebunden.

Tagebücher
Hg. von Adolf Frisé
Zwei Bände. Gebunden.

Briefe 1901–1942
Hg. von Adolf Frisé
Zwei Bände. Gebunden

Weitere Informationen in der **Rowohlt Revue**, kostenlos im Buchhandel, und im **Internet: www.rororo.de**

rororo Literatur

Albert Camus

Die Verleihung des Nobelpreises für Literatur 1957 war eine Sensation: Mit 44 Jahren erhielt **Albert Camus** diese höchste literarische Auszeichnung. Als Franzose in Algerien geboren, engagierte er sich für die Rechte der Algerier, als Chefredakteur des «Combat» gehörte Camus zur Résistance gegen die Nazis. Seine Werke waren von einer Hoffnung bestimmt, die sich der Maßlosigkeit der Macht ebenso entgegenstellte wie der Zerstörung der Welt. Am 4. Januar 1960 kam Albert Camus bei einem Autounfall ums Leben.

Der erste Mensch
Deutsch von Uli Aumüller
384 Seiten. Gebunden und als rororo 13273

Der Fall *Roman*
(rororo 22191)

Der Fremde *Roman*
(rororo 22189)

Der glückliche Tod *Roman*
(rororo 22196)

Tagebücher 1935 – 1951
(rororo 22194)

Tagebuch 1951 – 1959
(rororo 22199)

Reisetagebücher
(rororo 22197)

Der Mythos von Sisyphos *Ein Versuch über das Absurde*
(rororo 22198)

Kleine Prosa
(rororo 22190)

Der Mensch in der Revolte
Essays
(rororo 22193)

Verteidigung der Freiheit
Politische Essays
(rororo 22192)

Fragen der Zeit *Essays, Briefe, Reden*
(rororo 22195)

Jonas oder der Künstler bei der Arbeit *Gesammelte Erzählungen*
(rororo 22286)

Unter dem Zeichen der Freiheit
Camus-Lesebuch
Herausgegeben von Horst Wernicke
(rororo 22200)

Albert Camus dargestellt von Brigitte Sändig
(rowohlts bildmonographien 50544)

Weitere Informationen in der **Rowohlt Revue**, kostenlos in Ihrer Buchhandlung, und im **Internet: www.rororo.de**

rororo Literatur